长沙理工大学学术出版资助

当代中国消费主义及其超越

DANGDAI ZHONGGUO XIAOFEI ZHUYI JI QI CHAOYUE

李雨燕◎著

湘潭大学出版社

目　录

前 言

一、问题的提出及研究意义

在改革开放的推动下，中国的经济一直保持较快的发展速度，人民生活水平得到了较大的提高，尤其是自 20 世纪 90 年代初以来，国际资本就已将中国消费市场纳入世界经济一体化的体系中，并将中国市场当作奢侈品销售的一个前途无量的新“战场”，世界顶级奢侈品制造商纷纷在中国各大城市设置办事处或销售代理机构。伴随资本的进入、奢侈品消费的高涨，源自西方发达国家的消费主义也在我国得以生存、渗透并扩散，逐步确立了其在中国社会日常生活领域里的影响力。同时，中国在告别物资短缺与匮乏后，国内市场释放出巨大的消费潜力。

据观研天下发布的《2021 年中国奢侈品行业分析报告——市场规模现状与发展趋势分析》，2015—2019 年我国奢侈品行业境内和境外消费市场规模整体呈增长态势。2018 年我国奢侈品境内消费市场规模为 384 亿美元，较上年同比增长 17%；境外消费市场规模为 1073 亿美元，较上年同比增长 4%。2019 年我国奢侈品境内消费市场规模为 457 亿美元，较上年同比增长 19%；境外消费市场规模为 1052 亿美元，较上年同比下降 2%。2019 年，全球奢侈品消费市场规模共 2810 亿欧元，其中中国人消费占比为 35%。中国人成为全球最大的奢侈品买家。[①] 确实如此，在目前的中国，上亿元豪宅、千万元名车、数万元名表以及私人飞机和游艇，早已不是什么新鲜事。豪华商店内，上百元一块的香皂、上千元一瓶的洋酒、数万元一套的时装，销量以令人难以置信的速度在增长。许多人盲目地追求西方品牌和生活方式，甚至还产生了崇洋媚外的心态，这种心态甚至成为一种高贵时尚的生活方式的代名词。对那些追求消费主义的人而言，尽管天价商品明显价不符实，然而，他们重视的只是商品的价格以及商品所带来的心理满足感。他们购物的宗旨是“不买对的，只买贵的”，买那些能够彰显自己身份的，能在挥金如土之间带来心理满足感的东西。对他们而言，所谓生活的意义和价值似乎只在消费中显现。“我消费故我在”“我消费，我就是”不仅成为商业街头的醒目广告，而且还内化为一些人的生活准则。

需要指出的是，在富人追求奢靡生活的同时，有的穷人也对奢侈品和高消费有着热切的需求。一些经济能力相对欠缺的人内心向往着消费主义的生活方式，甚至视无力支付为耻辱，为囊中羞涩而神伤。我们知道，奢侈品在国际上被定义为“一种超出人们生存与发展需要范围的具有独特、稀缺、珍奇等特点的消费品，又称为非生活必需品”。从消费的最基本的

---

① 《2021 年中国奢侈品行业分析报告——市场规模现状与发展趋势分析》，观研报告网，http：//baogao. chinabaogao. com/shoushi/387182387182. html.

含义以及层次来说，只有满足了生活必需品的需要，才会有超出生活必需品的奢侈需求。今天，我们进入了全面小康社会，人民群众的物质生活水平普遍大大提高，这为消费主义的产生提供了经济基础，一些即使实际支付能力相当有限的人，也处于一种对奢侈品的“欲购情节”（buying mood）之中。

种种现象表明，消费主义已经侵入了人们的生活，并引起了一部分人价值观念的改变，甚至内化为一部分人的生活准则，或者说，它带来的是一种“革命”，一种文化意义上的“革命”。这种革命以静悄悄的方式进行，“它不发宣言，不搞暴力，也不是政府工作报告和新闻联播，而是在我们的日常交往中，吃喝拉撒睡中，人际交往中，休闲时光的打发中，实际上就慢慢地改变了我们的社会关系、人际关系”①。这场“革命”将带来什么？研究中国问题的美国社会学家戴慧思曾指出：“如果说19世纪是生产者创造世界的世纪的话，那么20世纪则是消费者创造世界的世纪。”② 当消费越来越占据人们生活的重要地位的时候，我们认为，如果中国的21世纪由消费主义者来主宰，必将是一场灾难。这绝不是危言耸听，消费主义在中国产生和蔓延以及其带来的种种影响都值得我们重视和研究。“生产力的发展带来的丰富物质供给，以及人民在基本物质文化需要得以满足之后所释放的消费能力和消费欲望，也正好契合于改革开放之后在中国社会日渐兴起的消费主义，并为其提供了更为坚实的社会基础。在消费主义观念支配下，

---

① 黄平：《生活方式与消费文化》，《天涯》，2003年第6期。

② 戴慧思：《消费文化与消费革命》，《社会学研究》，2001年第5期。

无尽的物欲将代替正常而有限的需要，将人们囚锁于拜物教这一异化的牢笼，与自由全面发展的美好生活向往相背离。”①

在《中国城市的消费革命》一书中，戴慧思特别指出了消费主义的研究对于中国的意义：“对于一个历史上有着‘重农抑商’传统，而在商业实践活动中又表现出不凡业绩的中国人来讲，‘消费’本来就是一个很有意义的话题。特别是中国经过30年‘非市场化’的努力，一个希望依靠世俗权力来家长式安排和配置资源的社会，一旦重新恢复了经济自由，在重建商业文化的过程中将会激起怎么样的社会震荡自然具有重要的学术研究价值。”②

不难看出，消费主义与中国传统的消费价值观念是格格不入的，消费主义本是在发达资本主义国家产生的一种生活方式，它为什么会在发展中的中国产生？对于当代中国来说，发展是硬道理，满足人们的物质文化需要是社会主义社会的生产目的，不可否认，提高人们的消费能力、改善人们的生活质量是社会发展的题中之义。那么，消费主义就是我们的合理选择吗？它给我们当前的发展带来了什么影响？面对消费主义，我们可能和应该做出的选择是什么？对当代中国消费主义进行研究，目的就在于从理论上指出消费主义的实质和对当代中国发展的危害，帮助人们树立合理的消费观念，选择文明健康的生

① 文豪：《美好生活视域下消费主义的超越》，《天府新论》，2020年第6期。

② 戴慧思、卢汉龙主编：《中国城市的消费革命》，上海社会科学出版社2003年版，序言第5页。

活方式。这无论从理论上还是从现实上讲都具有重要意义。

二、国内外的研究概况

1. 国外的研究概况

二十世纪二三十年代消费主义在美国产生之后，西方一些学者敏锐地注意到了消费主义及其影响，并对之进行了研究和批判。

20 世纪 40 至 50 年代，法兰克福学派从反思的角度对消费主义进行了研究和批判。法兰克福学派的一些成员发现，在大众文化的影响下，消费所具有的社会政治和文化功能日益显现。如霍克海默、阿道尔诺、马尔库塞以及弗洛姆等人，其中马尔库塞是最早提出“消费社会”概念的思想家，他们敏锐地感到了商品化的力量正在向社会的精神和文化领域中渗透，消费与资本主义生产关系、资产阶级意识形态之间存在着本质关联，资本主义的统治方式也因此发生了重要改变，从对生产过程的控制转向了对消费过程的控制，通过这种控制，资产阶级向消费者灌输虚假意识并操纵了他们的行为，从而保证了资本主义社会的稳定。他们写了大量的著作，如霍克海默的《艺术与大众文化》(1941)，阿道尔诺的《论音乐的拜物教特性与听觉的退化》(1943)、《无线电音乐的社会批判》(1945)，阿道尔诺与霍克海默合著的《启蒙辩证法》(1944)，马尔库塞的《爱欲与文明》(2015)、《现代文明与人的困境》(1958)、《理性与革命》(1960)、《单向度的人》(1964)，弗洛姆的《对自由的畏惧》(1942)、《健全的社会》(1955)。

在这些著作中，他们提出了著名的“虚假需求”与“消费异化”等批判性命题。总的说来，他们对发生在现代文化和商品领域中的消费异化持一种悲观态度，认为人的理性的“否定性”力量会逐渐被“单向度”所削弱，人成为肯定的、单向度的人。同时，在弗洛姆、马尔库塞、费斯克那里，消费主义批判和消费社会及其相关的大众文化成为批判的重要内容，他们集中批判了生产结构对人的控制。

20 世纪 60 年代，对消费主义的批判聚焦于消费文化和大众传媒的批判。因为消费社会的重要条件是消费文化的存在和大众传媒的推波助澜。有学者对媒介、广告在景观社会、消费主义形成过程中的意识形态操纵功能进行了研究。景观社会的形成，在技术层面上主要是现代电子媒介的产物。自麦克卢汉出版《理解媒介：人的延伸》后，波德里亚、史迪文森、波斯特、克兰、道格拉斯·凯尔纳都对媒介在物质生产中的符号制造、意义引导以及生产方式的渲染作用进行了深入研究和批判。1978 年，威廉姆森在《解码广告：广告中的意识形态和意义》中批评西方广告的意识形态性，认为在西方社会，人们之间的区分仍然是由他们在生产过程中的地位决定的，但广告却掩盖着社会的真实结构，阶级之间的差异在广告中被模糊化。1986 年德国学者 W. F. 豪出版了他的《商品美学批判》，批判了商品美学所导致的新的“商品拜物教”，详细地研究了西方商品美学发展的历程，指出了商品文化通过技术加工生产出来的充满魅力的外观效果，支配着人们的消费欲望和信念，通过对商品的使用价值的承诺，诱导人们购买商品，因而大众文化的商品化特征研究与大众文化的消费主义批判有着内在的关联。

20 世纪 70 年代，西方对消费主义的研究大规模兴起。法国学者让·波德里亚写了《消费社会》一书，对消费社会的种种现象做了深入的研究。他是从现代社会中人与物的关系入手，从特殊的需要理论，即消费者实际上是对商品所赋予的意义（及意义的差异）有所需求，而不是对具体的物的功用或使用价值的需求出发来界定“消费社会”这一社会形态的。他认为，这是一个充满符号编码并被符号支配的社会，商品被看重的已经不再是使用价值，而是商品的符号价值，这是消费主义文化价值观产生的现实基础。消费者通过无止境的消费，在识读和认同社会通用的符号象征的同时，也在积极地进行个性的建构和生活的注解，同时，消费主义作为消费社会的意识形态又在一定程度上支撑着消费社会的正常运行。美国著名学者丹尼尔·贝尔（D·Bell）从人自身的追求与需要出发，在其主要著作如《今日资本主义》（1971）、《后工业化社会的到来》（1974）、《资本主义文化矛盾》（1976）中对消费主义兴起的原因、特征和文化后果进行了考察。他对美国社会中的消费主义伦理表示强烈的忧虑和反对。美国的消费主义文化对英国社会文化也产生了影响，英国文化研究学派对消费主义生活方式与社会意识的关系进行了研究。霍加特（R·Hggart）（英国伯明翰研究中心的学者）在《文化的用途》（1958）一书中就指出了美国消费主义文化对英国传统工人阶级文化的冲击。在他看来，一种健康的、淳朴的生活方式正在被堕落的、时髦的消费主义文化所取代，为此，他将美国的电视、流行音乐等称为“文化赝品”。还有学者对消费主义的动因进行了社会和文化解释，如法国著名思想家加布迪厄（P·Bourdieu），在《对趣味判断的社会批评》（1976）以及《信仰的生产：符号产品经济研究》（1979）等作品中将不同阶级的消费模式与拥有的社会和文化资本联系起来，提出消费既是社会身份建构的手段，也是文化场域内符号斗争的表现方式。

20世纪80年代以后，掀起了对消费主义研究的热潮。一是鉴于消费主义的价值观和生活方式对环境和资源造成的严重后果，一些有识之士开始对其进行深刻反思，并不断向人类发出警告，可持续发展和可持续消费成为主流声音。杜宁（A·During）的《多少算够——消费社会与地球的未来》（1991）一书从环保主义的角度对西方消费主义及其行为方式进行了全面批判；雷斯（W·Leiss）的《满足的限度：关于欲求和商品问题的研究》（1987）从哲学和人类学的角度探讨现代消费的本质；考绕斯（G·Cross）的《时间和金钱：消费文化的形成》（1993）对消费主义与现代性、自我、性别建构的关系等问题进行了考察。

同时，各种学术政治话语，如女性主义、新马克思主义、后现代主义以及符号学理论也对消费主义的问题进行了讨论，如杰姆逊（F·Jameson）的《后现代主义与消费社会》（1984）、鲍曼（Z·Bauman）的《消费主义的欺骗性：鲍曼访谈录》（1990）、费瑟斯通（M·Featheratone）的《消费文化与后现代主义》（1990）、莫利（D·Morley）的《媒体研究中的消费理论》，等等。

此外，一些学者认为消费主义是一种强劲的文化冲击波，是西方发达资本主义国家对发展中国家的文化殖民形式，并对此进行了认真的观察和研究。汤林森在《文化帝国主义》一书中问道："为什么社会上普遍存在着对于消费文化的浑身不自在的感觉?""或许原因是'消费主义'成长的环境，或甚至它在某种程度上已'征服'的环境是由现代性的其他发展所遗留下来的'文化—道德'空间。……过去，我们赖以研究消费文化的诸多取向，确实过度倚仗消费者得自于消费物品的满足，实乃虚假的观念，因为如此一来，我们就陷入了僵局而与'消费者主权'之说起了冲突。除此之外，另有一个较为可取的取向在于揭开消费者得到满足的'背景'，其实相当暧昧。"① 在他看来，"或许掌握消费主义精髓的作法是将它视为资本主义现代性这个更大的'结构性背景'之一部分，是将它视为资本主义现代性造成的'例行'不尽意与怨怼"②。

2. 国内的研究概况

在经济全球化的时代，消费主义没有边界。消费主义走进中国人的生活后，对中国人的消费观念产生了巨大的冲击，加之中国的改革开放与社会主义市场经济的发展，消费主义带来的影响可谓是令人震撼的。我国的社会科学工作者主要从哲

① ［英］汤林森：《文化帝国主义》，冯建三译，上海人民出版社 1999 年版，第 257 页。

② ［英］汤林森：《文化帝国主义》，冯建三译，上海人民出版社 1999 年版，第 257 页。

学、社会学、经济学、文化人类学等角度对消费主义的问题进行了研究，大致可以归纳为以下几个方面：

在中国是否存在消费主义这一问题上，大多数学者认为，消费主义已经在中国产生。黄平在《消费主义在中国的出现》一文中明确指出，中国目前的日常生活领域存在着消费主义。中国社会科学院的陈昕还通过大量的调查和实证研究的方法证实了中国存在消费主义文化或是消费主义的价值观念，并且正日益深入地影响或改变着我国国民的生活。这一思想可以见于其著作《救赎与消费——当代中国日常生活中的消费主义》。此书指出："据对京津两地500多个案例的消费主义调查，具有'非消费主义倾向'的为127人，占22.2%。具有'消费主义倾向'的为433人，占77.3%。"① 俞海山也指出："种种迹象表明，消费主义在我国也日渐萌出。从行为上看，中国消费主义主要限于部分高、中收入阶层，尚没有在整个社会普及。因为作为支撑消费主义的庞大的中等收入阶层尚未成熟。但从观念上看社会上已经涌动着一股强烈的消费主义热潮。"② 除此之外，大多数学者也对中国存在消费主义价值观念这一点持肯定态度："在我们的调查中发现，不管在城市还是农村，中国消费者在消费观念、消费方式和消费物质等方面都显示出全球性消费文化的特征。"③

① 陈昕：《救赎与消费——当代中国日常生活中的消费主义》，江苏人民出版社2003年版，第136－137页。

② 俞海山：《中国消费主义解析》，《社会》，2003年第2期。

③ 朱捍华、季瑞国：《试论中国当代消费文化的现状和发展态势》，《西南民族大学学报》，2007年第1期。

对于中国为什么会产生消费主义，一些学者从资本增值的本性的角度去探讨，认为消费主义的全球化是资本运行的逻辑结果，坚持“资本操控论”[①]；有学者用葛兰西的“文化领导权”理论进行说明，也就是说，消费主义在中国是以文化主导权的形式出现的，经济发展水平与文化形态具有不同步性，不能用简单的经济决定论来解释消费主义文化在中国的出现。经济条件决定了人们的消费能力，而如何消费以及怎样消费，也就是人们的消费方式与消费内容则受到了文化的影响。人们的消费需求和消费行为主要是由日常生活中的道德、价值、意义等社会文化领域决定的。[②] 还有学者从心理的角度探讨了消费主义在中国产生的原因，正如凡勃伦指出的“炫耀性消费”一样，中国的消费主义产生的重要原因在于社会成员竞相攀比，因而坚持“社会攀比论”[③]。也有人认为消费主义在中国的产生，一方面离不开资本运行的客观逻辑，另一方面也离不开主体的社会攀比心理，是“资本操纵”与“社会攀比”相结合的结果。也就是说，消费主义既是厂商造就的，又是消费者通过炫耀模仿和自我显示而造就的。[④] 大多数学者都不否认

---

① 参见宴辉：《资本的逻辑运行与消费主义》，《中国人民大学学报》，2005年第6期。

② 参见陈昕：《救赎与消费——当代中国日常生活中的消费主义》，江苏人民出版社2003年版，第244页。

③ 参见王宁：《“国家让渡论”：有关中国消费主义成因的新命题》，《中山大学学报（社会科学版）》，2007年第4期。

④ 郑也夫：《消费：解释、批评与辩护》，《河南社会科学》，2006年第2期。

大众传媒对消费主义产生所起到的推波助澜的作用。

在对待消费主义的态度上，中国学者大多将消费主义同消费文化严格地区分开来，原因之一就是消费主义被赋予了强烈的道德贬义。他们对消费主义带来的资源危机和生态危机，过度消费带来的环境污染、资源浪费表示强烈的反对，主张节制消费，节制欲望，抵制奢侈消费，建设资源节约型、环境友好型社会，走可持续消费之路。有学者认为，消费主义也会侵蚀社会的公平性进而与共享理念相抵牾。[①] 但是，也有学者认为我国的经济发展面临着国内投资过剩和国外市场萎缩的现实难题，经济发展已向内需主导型转变，消费对经济发展的重要性越发突出。与此同时，我国居民最终消费率并不高，这说明我国居民消费对国家经济增长的贡献还有很大的挖掘空间。有学者提出我国要积极建立“消费型社会”[②]，但这并不意味着消费主义在经济发展上具有完全的正当性。正因如此，对消费主义的批判成为另外一些学者批判的对象，并被视为对消费主义的“过敏症”。他们强调以价值中立的立场看待消费主义，将其视为市场经济的一个正常产物，进而为消费主义“正名”[③]。

---

① 田月荣、赵玲：《论共享理念与消费主义的矛盾及化解之道》，《云南社会科学》，2020 年第 1 期。

② 莫少群：《消费型社会：历史逻辑与现实价值》，《南京社会科学》，2012 年第 12 期。

③ 参见王宁：《从“苦行者”社会到“消费者”社会》，社会科学文献出版社 2009 年版；吴金海：《对消费主义的“过敏症”：中国消费社会研究中的一个瓶颈》，《广东社会科学》，2012 年第 3 期；吴金海：《面向社会责任消费：消费社会理论的批判性及其反思》，《社会科学》，2020 年第 2 期。

在如何超越消费主义这一点上，有学者认为，超越消费主义的唯一出路是使消费活动的指向发生转变，即促使人们从物质性消费转向精神性消费，把对物质的占有和花费转向对精神的追求和享受；也有学者提出了消费正义，主张以正义的原则去衡量和规范人们的消费行为[①]；也有学者从批判消费异化的角度，主张要挣脱消费主义的牢笼，就必须扬弃异化的消费，寻求构建消费伦理的途径[②]；有人认为消费主义的本质与资本逻辑存在关联，超越消费主义，需要深入揭示消费主义的资本本质并祛除消费主义的迷雾，在全社会广泛倡导和践行消费正义的全新思想理念和价值原则，积极发挥政府在消费问题上的科学规范和引领作用。[③] 有学者从消费与环境的关系的角度，提出生态文明之路是超越消费主义的主要路径。[④]

综观国内外对消费主义的研究，可以看出，对消费主义的研究是一个不断发展的过程，由于消费主义在西方的历史相对较长，研究也相对比较成熟，论文和论著颇多。但由于研究者的学术背景和旨趣不同，在对消费主义的分析上也存在着较大的差异。当然，其共同点还是不难发现。首先，对消费主义的

---

① 陈学明：《人的满足最终在于生产活动而不在于消费活动——生态学马克思主义的一个重要命题》，《马克思主义与现实》，2002 年第 6 期。

② 毛勒堂：《超越消费主义——论消费正义》，《思想战线》，2006 年第 4 期。

③ 毛勒堂、高惠珠：《消费主义与资本逻辑的本质关联及其超越路径》，《江西社会科学》，2014 年第 2 期。

④ 陈静：《生态文明：超越消费主义的现实路径》，《中国社会科学报》，2009 年 8 月 18 日。

研究反映了社会研究从“生产范式”向“消费范式”的转向；其次，消费主义被认为是一种文化意识形态，是现代社会消费文化的核心；最后，对消费主义的总体立场是批判性的，并且随着消费主义的危害的进一步显露，对之进行更深层次的批判代表了将来的研究趋势。但是，西方消费社会的发展，究竟给全球的自然资源尤其是第三世界的自然资源带来了什么样的破坏和影响？强势的西方消费资本主义是如何把它的运作机制和价值观念推广到全世界的？它是否构成了一种新的殖民形式？这种无孔不入、无所不及的消费文化对第三世界的本土文化构成了一种什么样的冲击？这些问题是西方学者关注不够的。同时，尽管消费主义随着中国的改革开放在中国大地上滋长，而对消费主义在中国的研究才刚刚开始。对“以经济建设为中心”和“发展是硬道理”的正确提法有片面的理解，很大程度上缺乏对消费主义价值观念负面影响的反思，缺乏哲学的批判。近十年来，由于对现代化过程中带来的现代性问题进行了较多的关注，消费作为人们的一种生活方式，其带来的问题也跟现代性密切相关，对之进行反思和批判取得了一定进展。但总的说来，这些研究一般是着重于对消费主义价值观念的一种总体研究，真正嵌入当代中国消费主义的研究还很不够，尤其是从哲学的角度，将消费主义视为一种文化价值观念，对当代中国国民持有这种文化价值观念的原因和实质的探讨，以及消费主义在中国的特殊环境下带来的甚至比西方社会更大的负面影响关注还不够，特别是结合中国的历史和现实探讨中国在当前超越消费主义的可行性途径的著作甚少。事实上，科学地批判消费主义，使这种批判既有利于生态环境的保护和资源的合理利用，又有利于经济的发展和人民合理需要的满足，并且在理论和实践上达到统一，是我们时代面临的迫切任务。要对这些问题做出令人满意的回答，必须依赖包括中国学者在内的第三世界学者长期和共同的努力。基于此，本书以中国的消费主义为研究对象，探讨消费主义在中国产生的原因以及带来的负面影响，旨在超越消费主义，构建与中国实际相符合的新时代中国特色社会主义的消费文化，以引导人们树立正确的消费观念和选择合理健康的生活方式，实现更加美好的生活。

三、基本思路和研究方法

1. 基本思路

本书以中国的消费主义问题为中心，借助国内外学者对消费主义研究的学术成果，在全球化的视野中，紧密联系当前中国的实际，以马克思主义为指导来研究中国的消费现象，对中国的消费主义进行分析和批判。

第一章概述了消费与消费主义的内涵、基本特征，以对消费主义与消费进行合理划界。紧接着分析了消费主义在西方生成的背景，阐释了消费主义在西方出现的原因。

第二章重点论述的是当代中国消费主义产生的根源。作为发展中国家的中国为什么也会滋生消费主义？中国消费主义萌发的外在条件和内在根据何在？本书认为，消费主义在中国的产生是“内应外合”的结果，消费主义作为全球化时代的一种文化意识形态，随着资本在全球的流动和扩张，在国际公司和现代传媒的联姻下悄然渗入了中国，同时中国的改革开放和社会主义市场经济的确立也给消费主义提供了经济基础。更为重要的是，社会主义市场经济具有“物的依赖性”的特征，加上中国“面子文化”的影响，这是消费主义在中国出现的更深层次的原因。

第三章论述的是消费主义对当前中国发展的危害。本书认为，消费主义在中国的出现是不可避免的，而且也并非毫无历史的合理性和积极作用。例如，它也肯定了人的基本需要，解放了人的欲望，在一定时期拉动了市场的需求，刺激了生产的发展。但是，我们毕竟是发展中国家，消费主义在中国的产生与发展带来的更多的是负面影响。最直接的负面影响是导致了一部分人不合理的过度消费和由此引起的生产布局的片面性，为了追求 GDP 的增长而破坏了生态环境（我们不仅要承受自身发展过程中带来的种种垃圾与污染，还要消化发达国家转嫁过来的环境危机）。作为发展中国家，一部分人的基本生活需求现在还远未得到满足，消费主义的侵入必然带来消费错位。同时消费主义从根本上说是一种以“物”为核心的文化价值观念，必然导致人们精神消费与物质消费的失衡。更重要的是，消费本是满足人的需要的手段，而消费主义却使消费变成了人生的目的，手段与目的的颠倒导致人的异化，妨碍人的全面发展。由于消费主义本身的意识形态性质，它的渗入和泛滥必然对中国主流文化意识形态和中华民族优秀传统文化造成冲击，实际上是一种新的殖民形式。总之，消费主义不仅威胁着人与自然的和谐共生、威胁社会主义社会的共享发展，还威胁人自身的发展。

第四章是探讨超越消费主义的途径。面对日益蔓延的消费主义，怎样超越消费主义？我们应该和可以做出什么选择？这是本书的主旨和落脚点。本书认为，消费主义文化深入人心，原因之一就在于它宣扬了种种关于消费的神话，要破除消费主义对人们的影响就必须拆解这些神话。这包括三个方面：一是要拆解那种认为人生的意义全在于消费的神话，二是要拆解无论什么消费都必然带来幸福的神话，三是要拆解无论什么消费都必然带来社会进步的神话。认识到这些神话的虚假性有助于人们从观念上抛弃消费主义。鉴于消费主义致命的后果就是使人从属于资本、从属于物，所以只有践行五大发展理念，坚持“以人民为中心”的科学消费，才是我们当前超越消费主义的必由之路。如何做到“以人民为中心”的科学消费？本书认为生产对消费起决定性作用，要实现消费的“以人民为中心”，必须坚持生产的“以人民为中心”，即生产要以满足人民的真实需要而不是以实现更多的利润为出发点，同时要凸显消费的全面性和消费的公平性。最后，鉴于当前消费领域的新变化，中国传统的消费文化已不能完全适应消费领域的发展，消费主义文化更不是我们的明智选择，本书认为建构一种新的与当代中国消费阶段相适应的消费文化不仅是超越消费主义的可行途径，也是我们当前消费文化建设的必然要求。推动传统消费文化创造性发展、创新性转化，同时加强马克思主义主流意识形态的建设，重视大众文化的整合功能和利用大众传媒的塑造功能是建构新时代中国特色社会主义消费文化的主要途径，其主旨在于引导人们走出消费主义，走向合理健康的消费之路。

2. 研究方法

在研究消费主义过程中，本书坚持辩证唯物主义和历史唯物主义的方法。与西方马克思主义学者对意识形态的批判以及波德里亚对消费文化的符号批判不同，本书始终坚持辩证唯物主义与历史唯物主义的方法，同时吸收了社会学、经济学、文艺学等学科的研究成果。坚持理论联系实际，针对中国当前存在的消费主义及其产生和发展的原因进行了深入探讨，对其带来的深刻影响进行了揭示，并着力探讨在我国目前状况下超越消费主义的可能性途径。

第一章　消费主义及其生成

第一节　消费与消费主义

一、消费的内涵

从理论研究来看，最早关注消费的是经济学。所以，最初关于消费的定义是经济学的定义。从经济学意义上看，其含义大致经历了三个演变阶段：

最早的消费是作为“浪费”的同义词，有“否定性的消耗”的意义。在中国古代，最早提到“消费”二字的人，是东汉的王符（？—162），他在《潜夫论·浮侈》中说奢侈品生产“既不助长农工女，无益于世，而坐食嘉谷，消费白日……”① 可见，“消费”这个词至少在一千八百年前就提出来了。但中国古人在谈到“消费”时，常常用“靡”“养”“养生”“食”“穿衣吃饭”等词代替。在西方，前工业社会或是工业社会初期，

① 王符：《潜夫论》，马世年译，中华书局2020年版，第125页。

这一时期处于资本的原始积累阶段，社会生产力水平相对较低，绝对稀缺制约着整个社会的发展。在《大不列颠百科全书》中，消费（consumption）的字面含义是“对货品和服务的最终消耗”。根据雷蒙德·威廉斯的研究，消费是14世纪出现在英语中的，刚开始它含有“摧毁、用光、浪费、耗尽”等贬义。

近代工业化大生产以来，消费演变为与生产相对应的概念，意为使用物品和享受匠务。此时资本主义的生产方式逐渐代替了封建社会的生产方式，从而释放出了巨大的生产力，人们通过劳动获得作为工资的货币，再拿货币去购买商品，从而把本来作为个人生活过程的消费纳入巨大生产系统的一部分。这种过程重复进行着，千百万人能够通过消费拥有他们非常希望得到的工业文明产品，能够享受到由这些产品带来的方便和安逸。消费作为生产产品的去处，是整个经济过程的一个环节。在马克思看来，“生产直接是消费，消费直接是生产，每一方直接是它的对方”①，消费同生产一起，构成了经济流程中一个必要的部分。

随着生产的发展，消费对生产的作用越来越大，以消费为主导，消耗性的消费变成了拉动经济增长的手段和社会可持续发展的核心动力之一，正如桑巴特在《奢侈与资本主义》中认为，奢侈品的普及促进了消费，给资本主义市场的发展提供了动力，因此资本主义发展的伦理精神是“奢侈”而不是

① 《马克思恩格斯全集》第30卷，人民出版社1995年版，第32页。

“节约”，消费的积极作用凸显了出来。与以往将消费等同于“浪费”不同，这里的消费已经具有了肯定意义，成为社会发展的动力和彰显社会进步的标志之一。

除经济学之外，消费也是社会学、心理学、文化学、人类学、哲学等学科的研究对象。马克思说：“而消费这个不仅被看成终点而且被看成最后目的的结束行为，除了它又会反过来作用于起点并重新引起整个过程之外，本来不属于经济学的范围。”① 也就是说，我们把消费作为经济行为，仅仅是在“它会反过来影响起点”，即影响生产，并引起整个经济过程的变化的意义上说的。我们还可以看到消费在其他学科中的含义。

从社会学意义上看，消费不仅是一种以满足个人需要为目的的个人行为，同时也是一种能够表现某一群体特征的社会行为。每个消费者的消费行为受个人需要的支配，而个人的需要又取决于自然、经济、文化以及各种社会因素。在一般人看来，自己的消费是由自己决定的，包括消费什么、以何种方式消费都不会受别人左右。然而，消费社会学的研究发现，不同社会阶层、不同文化背景甚至不同职业或不同年龄的社会人群，有着不同的消费特点，而处于同一分类层次上的人群却具有大致相同的消费特征。同时，从一定意义上说，现代消费还起着建构社会身份的作用。

从心理学上看，消费不仅是一种物质行为，而且是一种心理行为。在消费中始终伴随着各种情感的投入。从消极的意义

---

① 《马克思恩格斯全集》第30卷，人民出版社1995年版，第30页。

上说，消费首先是摆脱因匮乏而导致的心灵的痛苦；而从积极的意义上说，消费不仅是为了追求快乐，而且消费过程本身就能因驱走了匮乏而产生快乐的心情。消费过程是一种快乐激发与快乐流逝的过程。愉快、高兴、爽的感觉是消费过程的常客。然而，因羡慕、嫉妒、虚荣等情感的活动，消费也经常引起恼怒、怨恨和失望的情绪。消费心理学就是研究消费者在消费活动中的心理现象和行为规律的学科。

从人类学角度看，消费对象本身就是使用价值、交换价值和符号价值或象征价值的结合。美国哲学家兰吉提出的“象征”概念使有关消费的研究发生了一次转折。在把象征纳入对消费的分析之后，对消费的分析已不仅停留在宏观的社会制度层面的文化上，而是深入到常常被人们所忽视的日常生活深处，甚至是个体的潜意识深处，这样就拓宽了有关消费的研究范围，符号价值或象征价值也反映了人们在物质需求得到满足之后，对精神消费的更深层次的追求。

从生态学角度看，消费是生态环境中能量转换与物质循环的一个重要环节。人类消费有与其他自然界生物相同的一面，即从自然界中获取物质与能量，通过消费过程满足自身生存繁衍的需要，并将不能利用的废弃物以物质与能量的其他形式返回自然生态系统。作为生态系统组成部分的人类，参与了生态系统的物流、能流和信息流的循环。为了满足人们日益增加的消费需求，人类发挥了极大的想象力与创造力，下至地下几百至上千米的地球内部资源，上至地球外部的宇宙空间资源，人类都能够利用。人们生产与制造出了大量自然生态系统中本不存在的物质（如农业中的转基因作物，工业中的塑料、高纯度和稀有金属等）。当人们生产与消费之后，每年又将成百上千亿吨的垃圾（特别是大量难以自然降解对人类乃至整个生物界有毒有害的工业与生活垃圾）、大量未经处理的工业与生活废水以及生产中与生活消费中排放出的碳氢化合物等有害气体与大量的余热返回到自然生态系统中，扰乱了自然生态系统的正常运行，最终将使生态系统失去平衡。所以从这个意义上说，人类的消费与生态直接相关，不合理的消费将导致生态系统的失衡，导致生态危机。

从哲学意义上看，正如生产、实践是人的存在方式一样，消费也是人的一种存在方式，是人们在一定的社会经济关系中借助这种社会经济关系所进行的用物品或劳务满足自己生产和生活需要的行为和过程，它是人满足自身生存需要、进行自身的再生产的途径之一。同任何其他动物一样，人需要从外界补充能量才能生存，因而他们都需要消费物质和能量。但是，由于人们的消费是在一定的社会关系中进行的，所以消费是社会生产关系的一个重要方面，具有社会和历史的规定性。这是人和动物消费的根本不同。动物的生存与自然界是直接同一的；而人的生存则不仅仅是一个生物学的事实，人具有与动物不同的超自然的生存方式：人的生存方式是社会的、历史的，消费者不是作为一个孤立的个体来追求自己的消费方式，而往往是根据社会的消费取向或效仿他人的消费样式来确立自己的消费趋向和消费行为。动物是直接消费自然界；而人则直接消费自己的劳动产品。动物的消费是封闭的和不可改变的，它的消费方式和消费对象是由物种的本性决定的；而人的消费方式和消费对象则是开放的，并随着生产和实践的发展而历史地变化着的。“仅仅从这个意义上说，人的消费就已经超越了动物的消费。正是消费引起了人的基本活动——劳动的必要性，为劳动、生产设定了目的。在完整的意义上，消费是为了满足人们的生存和发展的需要，通过利益单位之间的交换而对劳动产品和服务的享用。”①

在现代社会，温饱问题解决之后，消费本质上已经成为文化现象，超越生理需要之上的消费品和消费行为越来越以表达意义的象征和表征的符号体系出现。今天的消费承载着人的心理需求、社会期望等任务，这远远超出了经济学的范围，具有深刻的社会文化内涵。“消费过程不仅是商品的交换价值和使用价值实现的过程，而且也是商品的社会生命和文化生命的形成、运动、转换和消解的过程。换句话说，消费不但是物质生活过程，而且也是文化、交往和社会生活的过程。消费在物理意义上消解客体的同时，也在社会和文化的意义上塑造主体，并因此找到了使个体整合到社会系统中去的媒介。消费是生活的‘辩证法’，它使某种东西（如商品）消失，同时又使其它东西（如自我与社会认同）产生。所以，现代消费不再主要是受生理因素驱动的，也不单纯是由经济决定的！而是更带有社会、心理象征的意味，是一种个性、身份和关系的建构

---

① 韩震：《消费的哲学反思》，《现代哲学》，2003 年第 3 期。

手段。”①

后现代主义也对消费的含义进行了区分，如迈克·费瑟斯通从三种视角对消费进行了区分：其一，生产的视角。消费以资本主义商品生产的扩张为前提预设。资本主义商品生产的扩张，引起了商品消费，为购买及消费而设的场所等物质文化大量积累，其结果便是当代西方社会中闲暇及消费活动的显著增长。其二，社会区分的视角。人们通过社会差距的表现和维持来实现自己对商品的满足并取得某种社会地位，其核心就是人们为了建立社会联系或社会区别，以不同的方式去消费商品。其三，消费情感的视角。其关注的是消费时的情感快乐及梦想与欲望等问题，在消费文化影像中，以及在独特的、直接产生广泛的身体刺激与审美快感的消费场所中，情感快乐与梦想、欲望都是大受欢迎的。在这三种划分当中，第一种是消费的经济学含义，后两种是关于消费的后现代主义含义，人们对商品的消费不仅是其使用价值，而主要是消费它们的影像，即从影像中获取各种各样的情感体验，因此，影像成为使用价值的代用品。也就是说，消费是一种符号运作的系统行为。鲍德里亚在消费研究中应用了符号学，他认为消费必然导致对记号进行积极的操纵，这是记号与商品联合生产“商品—记号”的晚期资本主义的核心，商品的逻辑得到普及，不仅支配着整个文化、性欲、人际关系，甚至个体的幻象和冲动。而消费的过程不再是劳动和超越的过程，而是“吸收符号和被符号吸收的

① 王宁：《消费社会学——一个分析的视角》，社会科学文献出版社 2001 年版，绪论第 1 页。

过程”[1]。现代消费不再是同生产方式相反的一种消极的吸收和使用的方式，而是一种积极的建立关系的方式，消费者借此与这个世界产生密切的联系，获得认同感。现代消费是一种特殊的社会交往活动，人们越来越依赖通过消费这个手段使个体在整个社会中获得较好的心理定位和认同感。米勒在剧本《代价》第一幕中说：“许多年前，一个人如果难受，不知如何是好，他也许上教堂，也许闹革命，诸如此类。今天，你如果难受，不知所措，怎么解脱呢？去消费！”可见，消费成了逃避不幸和寻找自我认同感的一种手段，甚至超过了宗教和政治的力量。

从现代消费主体来看，“消费者不单单是一个‘经济人’，而是一个具有多重角色的人，甚至是一个充满矛盾的人。消费者可以同时是理性选择者、意义传播者、生活方式的探索者、认同寻找者、快乐主义者、商品消费的牺牲者、反叛者、活动主义者和公民”[2]。

从现代消费的对象来看，今天的消费不仅消费商品的使用价值，而且消费商品的“符号价值”。在现代社会，由于广告的创造，大众传媒的宣传，消费品被打上了文化的烙印，消费品本身具有了符号价值。消费品自身的设计、造型、品牌、色彩、图案、包装等外在特征显示出的独特性，传递着消费品本

---

① ［法］让·波德里亚：《消费社会》，刘成富、全志钢译，南京大学出版社2000年版，第161页。

② 王宁：《消费社会学——一个分析的视角》，社会科学文献出版社2001年版，绪论第2页。

身所固有的格调、档次和美感等信息，使之具有符号价值，并越来越成为彰显个体财富、权力、地位的重要指标，社会越来越通过消费的而不是生产的东西来辨认“他是谁”。也就是说，与传统的消费不同，现代消费本身就构成了一种有意义的领域，它把消费与文化混同起来，通过消费来表达自我意志，这就是一种消费文化。于是，对物品的选择，表面上是满足物质需要，实际上是为了满足价值需求，通过寻找依附于这些物品上的那些社会价值以及社会意义达到自我构建、自我表达和自我认同，甚至显示高贵身份和显赫地位的目的。可以说，消费的文化内涵逐步凸显，为消费主义的形成准备了条件。

就消费的分类而言，消费可以分为生产消费和生活消费两种。生产消费是指人们在物质资料的生产过程中对原材料的耗费、劳动力的耗费以及对生产工具的磨损，所以它是在生产领域中进行的，与生产具有直接的同一性，“直接与消费同一的生产，直接与生产合一的消费，称作为生产的消费”①。生活消费是指人类为了生存和发展以及劳动力的再生产而进行的对生活资料的消费。生活消费属于最终消费，产品一经生活消费，其原有的使用价值便消失了。这也是马克思所讲的“原本意义上的消费”，是一种“被理解为起消灭作用的与生产相对的对立面”②。就消费行为的构成而言，主要包括个人（家庭）消费行为和公共消费行为。个人（家庭）作为消费者，其消费行为通常是由个人的消费目的、消费手段和消费支出构

① 《马克思恩格斯选集》第2卷，人民出版社2012年版，第690页。

② 《马克思恩格斯全集》第30卷，人民出版社1995年版，第31页。

成并由之而表现出来的。公共消费行为通常是指由国家、政府和社会团体组织的某些消费，它同样也是通过消费动机、消费方式等表现出来的。由此可见，消费涉及的内容很广，不仅有消费的范围问题，而且与消费的主体构成以及消费者的消费目的、消费动机和消费方式的诸多问题紧密相关。本书中的消费主要是指人们的生活消费，并且主要是指个人的生活消费。

从消费评价来看，如果仅仅从经济理论的立场出发，奢侈的、非必要的消费与其他满足人的基本需要的消费比较起来，在正当程度上并没有什么高下之别，资本增值是经营者和经济学家所共同关心的目标。也就是说，在经济学意义上，任何消费都可以理解为合理的，哪怕是“浪费”。“从各个消费者的观点来看，在纯经济理论范围内是不会发生浪费问题的。”①同时，如果仅从消费者立场着眼，消费者的任何合法的消费都有来自自身的根据：不论消费者所选取的是何种形式的消费，也不论他做出选择时所追求的目的何在，由于他的偏爱，那种消费对他就有了效用。毫无疑问，绝大多数经济学家关心的是如何利用消费使收益最大化，如何通过消费达到资本的最大增值。要对消费予以价值评判，需要从经济学之外寻找根据。这个根据是哲学的、人类学的或伦理学的：什么样的消费是真正的人的消费；消费从整体上说，是否有益于人的全面自由发展，是否有利于改善人类生活或增加人类幸福感，本书试图从哲学角度对消费主义进行分析和评判。

---

① ［美］凡勃伦：《有闲阶级论——关于制度的经济研究》，商务印书馆2002年版，第73－74页。

二、消费主义的内涵与特征

对于什么是消费主义这一问题，不同的学者从不同的角度，以不同的方式进行了阐发。就消费主义的性质而言，大多数学者认为消费主义是一种文化意识形态、价值观念或是一种生活方式。黄平指出："我要讲的消费不仅仅是从经济学的角度，更重要的是从文化的角度，消费主义不仅是一种经济行为，更是一种文化意识形态。它能使人们在不知不觉中认同一套东西，遵循一种价值原则。消费主义能使人总是处在一种'欲购情节'（buying mood）中，从而无止境地追求高档商品符号所代表的生活方式，这本身构成了现代消费社会中社会关系再生产的条件。消费也成为人之自我表达和暴露的主要形式和意义来源，对符号之意义的消费过程在不知不觉中构建了新型的社会关系与生活方式。"[①] 刘晓君认为："所谓消费主义主要是指以美国为代表的，在西方发达资本主义国家普遍存在，也在不发达国家发现的一种文化态度，价值观念或生活方式。"[②] 杨魁则认为，消费主义是一种全球性文化—意识形态，是指一种生活方式。[③] 范美霞认为，消费主义是一种生活方

① 黄平：《生活方式与消费文化：一个问题、一种思路》，《江苏社会科学》，2003 年第 3 期。

② 刘晓君：《全球化过程中的消费主义评说》，《青年研究》，1998 年第 6 期。

③ 杨魁：《消费主义文化的符号化特征与大众传播》，《兰州大学学报（社会科学版）》，2003 年第 1 期。

式，更是一种意识形态，具有明显的价值诉求。[①] 美国学者艾伦·杜宁在其著作《多少算够——消费社会与地球的未来》的注释中明确指出："本书所使用的'消费主义'是比消费者社会、消费者阶层或消费者更广泛的词语。它指的是在消费者中普遍存在，也在全球经济较低的阶层中发展的一种文化态度，这种态度把消费数量和种类日益增长的物品和服务看成是至高无上的。"[②] 消费主义不仅仅是不断消费和获得新物品的意识形态，更重要的是它积极培育一种生活方式，即个人被鼓励去采用一种对商品的"非效用性"态度，以精心选择、安排和展示自我，在这个意义上，消费是一种"主动"的关系模式。具体说来，消费主义基本特征可以从其对消费的性质、消费的对象、消费的目的以及消费的意义等看法这一角度来理解：

首先，在消费主义看来，消费是人生的目的。从本来意义上看，消费是满足人的需要的手段，可是，在消费主义看来，消费是人生的目的，"我消费故我在"。"消费主义的基本信条是：人生的根本意义就在于消费，就在于尽可能多地占有科技含量高且包装（或装潢）精美的物品（商品），或享受尽可能高档次、高品位的商业服务。""消费主义是指人们的一种毫无顾忌、毫无节制地消耗物质财富和自然资源，并把消费看作

---

① 范美霞：《现代"消费主义"与经济、政治的同盟》，《西北民族大学学报（社会科学版）》，2004 年第 2 期。

② ［美］艾伦·杜宁：《多少算够——消费社会与地球的未来》，毕聿译，吉林人民出版社 1997 年版，第 122 页。

是人生最高目的的一种消费观和价值观。”①

其次，在消费主义看来，消费的对象不仅是物的使用价值，更重要的是物的“符号价值”。物质消费是消费的最重要的方面，而就物质消费的对象而言，消费的对象不仅是指商品的使用价值，更重要的在于商品所具有的符号象征价值。波德里亚揭示了在消费居主导地位的社会中，“财富及物品同话语……构成了一个全面、任意、缜密的符号系统、一个文化系统，它用需求及享受取代了偶然世界，用一种分类及价值的社会秩序取代了自然生理秩序”②。在他看来，消费主义最为主要的表现就是符号消费，追求商品的“符号价值”，将商品变成了符号，消费活动就是一种创造符号和消费符号的过程，是一种“符号操控行为”。在英国学者鲍曼看来，消费主义体现在对象征性物质的生产、分布、欲求、获得与使用上。“消费，不只是一种满足物质欲求或满足胃内需要的行为，而且还是一种出于各种目的需要对象征物进行操纵的行为，所以，强调象征性物质的重要性就显得十分有必要。”③贝尔克也认为，消费文化（或消费主义）指的是这样一种文化，其中大部分消费者强烈地渴望（相当一部分人则追求、获取和展示）物品和服务，这些物品和服务则是因其非功用性理由而被看重

---

① 雷安定、金平：《消费主义批判》，《西北师范大学学报（社会科学版）》，1994年第5期。

② ［英］卢瑞：《消费文化——当代学术棱镜译丛》，张萍译，南京大学出版社2003年版，第13页。

③ ［英］齐格蒙特·鲍曼：《消费主义的欺骗性——鲍曼访谈录》，何佩群编译，《中华读书报》，1998年6月17日。

的，如：地位获取、挑起妒忌和寻求新奇。[1] 由于“符号价值”转瞬即逝，为了追求商品的“符号价值”，对物质产品进行不必要的更新换代，大量占有各种资源和能源，甚至抛弃仍然具有使用价值的产品，重视消费品的品牌效应、名誉而忽视商品的实际效用等。攀比消费、时尚消费、奢侈消费等在一定意义上都是追求“符号价值”的消费。

再次，消费主义认为消费的目的不仅在于满足需要，更重要的在于满足欲望。消费本来是为了满足人的需要，可是，在消费主义那里，消费的目的不在于满足需要，而在于追求无止境的欲望。美国著名学者丹尼尔·贝尔在《资本主义文化矛盾》一书中，从人自身的需要与需求出发，认为那种将大规模的消费、高水平的生活视作经济体制的合法目的、社会发展的主要手段、个人生活的根本追求是消费主义的主要表现，人们普遍去追逐无限扩张的更高更多的消费，这种消费的目的，满足的主要不是需要（need），而是“欲求”（desire）。[2] 而这种“欲求”往往是被有意识刺激起来的欲望所形成的需求，是一种“虚假的需求”。实际上，人的欲望是无止境的，也是在人对欲望的追求中，资本达到了其增值的目的，人成为资本增值的工具。

复次，消费主义认为消费能带来人的自由、平等与幸福。

---

① Russell W. Belk, Third World Consumer Culture , Greenwich: JAI Press, 1988, P105.

② ［美］丹尼尔·贝尔：《资本主义文化矛盾》，赵一凡、海隆、任晓晋译，三联书店1989年版，第68页。

消费能成为人的生活目标，是因为消费主义将消费同自由、平等、幸福结合在一起，认为消费越多越幸福，甚至只有在消费中才能寻找人生的幸福。衡量一个人生活好与不好的唯一标准，是他拥有多少东西和消费掉多少东西，“更多”便意味着“更好”。正如弗洛姆所指出的，现代人将幸福理解为最大限度的“消费满足”，他对自己价值的理解就在于占有的多少，而他如果想成为最好的，就不得不成为占有最多的。消费主义将消费这种经济形式上的自由、平等看作是社会地位、政治权利等方面的自由与平等，将物品使用价值上的平等看作是交换价值上的平等。所谓“金钱面前，人人平等”，实质上是以消费形式上的平等取代实质的不平等。

最后，消费主义认为消费是构建人的身份的基本途径。在消费主义看来，消费是构建人的身份的最基本的途径，甚至超出了人的生产等因素。身份是指人的出身、地位或资格。在英语中，身份（identity）这个词兼有“同一性”“绝对相同”“本身”的意思。在汉语中，“身份”一词也有“自己、本身”之意。因此，身份是某人标识自己的重要标志。一般说来，身份的确证方式是多样的，有门第、财富、权力、才智、外貌等。可是根据消费主义的逻辑，购买商品本身暗示着消费者本人想成为某种人，或是对于某种生活方式的向往，买东西变成了既是自尊的一种证明，又是一种被社会接受的方式。对符号意义的消费就成为日常生活中的普遍现象，从而消费成为人自我表达与认同社会的主要形式。乔纳森·弗里德曼指出：“在最一般的意义上，消费是创造认同的特定方式，一种在时空的物质重组中的实现方式。就此而言，它是自我建构的一种工具……”[①] 又如马尔库塞描述的：“人们似乎活在他们的商品之中；他们的灵魂困在他们的小轿车、高清晰度的传真装置、错层式家庭住宅以及厨房设备之中。”[②]消费者通过消费行为来进行自我身份确认、表达消费者自己的社会认同和自我认同，从而进行一种“群体归属感”的符号消费，或者为了标示与众不同而进行某些“炫耀性消费”。于是，“在人们抱着展示自己社会身份的心态而进行消费的时候，商品的身份价值或社会标志价值便得到了实现”[③]。与此同时，消费作为一种解构力量，将传统社会等级划分的标准如种族、性别、阶级等变得越来越没有意义，而商品成为一种具有普遍意义的获得承认的代码。由此，齐格蒙特·鲍曼还特别指出了消费对个人、团体以及整个社会的意义，“在生活层面上，消费是为了达到建构身份、建构自身以及建构与他人的关系等一些目的；在社会层面上，消费是为了支撑体制、团体、机构等的存在与继续运作；在制度层面上，消费则是为了保证种种条件的再生产，而正是这些条件使得所有上述这些活动得以成可能”[④]。

---

① ［美］乔纳森·弗里德曼：《文化认同与全球性过程》，郭建如译，商务印书馆2003年版，第227页。

② ［美］马尔库塞：《单向度的人——发达工业社会意识形态研究》，刘继译，上海译文出版社2014年版，第9页。

③ ［芬］尤卡·格罗瑙：《趣味社会学》，向建华译，南京大学出版社2002年版，第5页。

④ ［英］齐格蒙特·鲍曼：《消费主义的欺骗性——鲍曼访谈录》，何佩群编译，《中华读书报》，1998年6月17日。

可以看出，消费主义将消费的社会文化含义发挥到了极致，甚至脱离了消费的基本内涵。概括起来，本书认为，消费主义是在消费取代生产占据社会主导地位的背景下，将本用来满足人的需要的手段的消费视为人生根本目的，通过消费（占有物或是享受某种服务）来彰显自我价值和建构自我身份的一种文化价值观念，以及在这种价值观念指导下人的行为实践。消费主义的核心是“以物为本”，其最为重要的特征就是消费不在于满足人的需要，而在于不断追求难以满足的欲望，消费追求的不仅是物的使用价值，更重要的是追求物的“符号价值”。并且，从根本上讲，作为文化意识形态的消费主义从属于资本运行的逻辑，使人在不断被刺激出来的消费活动中异化为资本增值的工具。

第二节　消费主义的生成

就消费主义的历史而言，其滥觞于 19 世纪。1899 年，凡勃伦针对当时美国新兴上流社会消费至上的心理，写了著名的《有闲阶级论》一书，他着重分析了暴发户的消费模式及其形成的社会和文化机制。在他看来，由于暴发户的财富都是新近获得的，为了赢得社会的承认和博取自我荣誉，他们竭力模仿欧洲的贵族，从事“炫耀性消费”。德国社会学家西美尔在《时尚的哲学》《都市与心理生活》等论著中考察了 20 世纪初新的消费模式与城市化之间、消费与社会时尚之间的关系。虽然他们的著作中没有出现“消费社会”一词，但是，他们的研究已经涉及消费与生活方式、阶级分层、日常生活、审美体验的关系等若干问题，从他们的著作中已经可以看到“消费”一词在文化含义上的转变。

真正意义上的消费主义产生于二十世纪二三十年代的美国，本书所提到的消费主义主要是从这个意义上来说的。消费主义的生成与当时的经济发展水平、文化价值观念、国家经济制度等是分不开的，其中福特主义生长方式造就了大众消费，是消费主义生成的经济基础。资本主义伦理精神从“新教伦理”到“消费伦理”，从“宗教冲动力”到“经济冲动力”的转变为消费主义的产生提供了文化氛围，而“先行消费”“分期付款”等消费制度在一定程度上催生了消费主义。此外，大众传媒为消费主义的传播起到了推波助澜的作用，这一点将在后文详细阐述。

一、消费主义生成的经济基础

福特主义生产方式的出现，催生了大众消费时代，为消费主义的产生及其盛行奠定了经济基础；而后福特主义生产方式又将大众消费推到了一个新的阶段。

在马克思主义者看来，一个社会的总体消费水平是由该社会体系中劳动力的再生产和该社会体系自身的再生产两种因素决定的，资本主义社会也不例外。一方面，资本家总是力求以尽可能少的成本获取尽可能多的剩余价值；另一方面，工人所拥有的工资又能构成有效需求。也就是说，工人需要具有一定的支付能力，否则生产出来的产品没有市场，销售不出去，剩余价值也就不能实现。生产和消费之间这种张力一直存在于资本主义发展当中。在资本主义发展的早期阶段，资本要完成原始积累，其发展的重心在生产资料的生产之上，主要是通过生产性的消费实现剩余价值。尽管早期资本主义生产方式迫使工人与生产工具相分离，使之成为工资劳动者，却并未彻底改变其消费模式。工人的家庭消费并不完全依赖于商品，他们自己缝纫衣服，种植蔬菜，饲养家禽，用来满足日常生活的需要。此时，工人处于一种低工资和低消费的状态。

直到19世纪末20世纪初，资本深入人们的日常生活领域，生活资料的商品化生产成为资本积累的主要来源，这种变化要求工人消费的基本对象必须是从市场上购买来的商品，而不再是家庭内部自给自足的劳动产品。但是工人的大量失业和低工资使其支付能力相当有限，这种低消费的状况严重影响了生产和消费之间的平衡关系，甚至危及资本主义自身的发展。

美国实业家福特对生产技术进行了大胆革新，为提高生产效率、避免经济危机、缓解生产和消费之间的矛盾做出了重要的贡献。他吸收了以“泰勒制”（Taylorization）为代表的管理模式，将之融入汽车生产过程，将产品的标准化程度推到极致，并设计了一套汽车的通用零部件，还发明了装配线的流水作业。这种生产组织方式被称为福特主义（Fordism）生产方式。在生产过程中，工人失去了对自己劳动的控制，哪怕在最小的细节上也被迫从属于生产过程。由于失去了对工作节奏的控制，工人在生产过程中失去了任何可以自由支配的时间，成为装配线上的一个固定零部件。随后，福特主义的生产方式扩展到其他消费品领域，包括洗衣机、电冰箱等在内的家用电器都先后采用规模化、标准化的新型生产制度。这种改革的直接结果就是大大降低了生产成本，提高了生产效率。同时，工人工资增加，劳动时间大大缩短。这样，工人不仅有支付能力而且有一定的闲暇时间进行消费。也就是说，福特主义生产方式不仅造就了生产的规模化，而且造就了史无前例的大众消费模式。于是，以前属于生活奢侈品的东西现在成了生活必需品，以前只在特定上层阶层中流行和被享用的一些物品在工薪阶层中扩散，工薪阶层也有机会购买汽车去度假、去旅游，可以收听到各种媒体的节目，看电视、看电影也成为工薪阶层的一种消费方式。总之，他们可以自由地花费不断增长的工资和劳动之外的闲暇。正如经济学家卡图纳（M·Katona）认为，在20世纪20年代，美国已经进入了“大众消费的社会”。对此，他描述道：“今天在这个国家里，对大多数人而言衣食住行的基本生活标准有了保障。除了基本生活需要之外，从前的奢侈品如拥有私房、耐用品、旅游、休闲和娱乐不再限定在少数人身上了。芸芸大众都参与到享受这些物品的行列，并表现出对这些物品的最大的需求。”①

随着大众消费时代的到来，西方社会消费的范围、消费的模式、消费参与主体与消费的社会文化内涵等都渐渐发生了变化。大众消费不仅改变了人们的衣食住行，还改变了人们的社

---

① Katona，George：Mass Consumption Society，New York：McGraw Hill Book Company，1964，P5－6。

会关系，改变了人们看待这个世界和自身的基本态度。波德里亚认为，此时传统的生产社会已经被消费社会所取代，消费取代生产而跃居社会的主导地位。在这样的社会中，消费成了人们的生活方式，而消费主义是最强有力的意识形态。西方学者比尔·麦克基本明确指出："消费主义是到目前为止最强有力的意识形态，现在，地球上已经没有任何一个地方能够逃脱我们的良好生活愿望的魔法。"[①]他不仅指出了消费主义强大的意识形态功能，同时指出了消费主义成为强有力的意识形态的原因，是因为每个人都希望过上良好的生活，并且大多数人认为消费可以带来良好的生活。美国著名的马克思主义学者弗·杰姆逊同样指出，当代资本主义社会"已经没有旧式意识形态，只有商品消费，而商品消费同时就是其自身的意识形态"[②]。

进入二十世纪六七十年代之后，作为资本主义大工业生产的典型组织形式和资本积累的方式的福特主义，随着资本主义的进一步发展，其弊端也显现出来，借用大卫·哈维的话说，一言以蔽之，就是僵化（rigidity）。[③] 福特式大规模生产体系需要长期和庞大的固定资本投资，因而很难适应迅速变化的市场需要，其高产量和低单位成本的生产方式要求售出大量产品，这与日趋多样化和日趋饱和的市场发生矛盾，同时线性的

---

① ［美］比尔·麦克基本：《自然的终结》，吉林人民出版社 2000 年版，第 15 页。

② ［美］弗·杰姆逊：《后现代主义与文化理论》，唐小兵译，北京大学出版社 1997 年版，第 29 页。

③ David Harvey, The Charpter 9," from Fordism Condition of Postmodernity to Flexible Accumulation", Blackwell Publishers. 1991, P141 –172.

生产方式缺乏横向的协调机制，也造成了生产组织的僵化。这表明福特主义作为一种协调生产与消费的控制模式，已经达到了它的极限。为了克服福特主义的死板和僵化，一种被称为“灵活积累”的新的控制模式应运而生，它具有如下特点：第一，它从生产针对大众市场的标准化产品转向生产针对“目标消费群体”的小规模、小批量的产品，因而能够灵活地满足市场的需要；第二，它缩短了生产周期，“灵活积累”模式使生产的概念远远超出生产流水线的范围，它采用新的信息技术来联接生产与销售，以适应后现代社会迅速变化的时尚与趣味，其结果是大大缩短了生产和销售的周期，加速了资本流通；第三，在劳动过程方面，“灵活积累”模式逐步摆脱了“泰勒式”的狭隘观念，不再把工人仅仅看作传统意义上的“劳动力”，看作工厂这一巨大齿轮上的螺丝钉，而是更加重视工人在劳动中的个性和创造性，劳动时间也更为灵活。这种“灵活积累”模式又被称作“后福特主义”（post - Fordism），与规模经济相比，它在劳动力市场、劳动过程、产品及销售方式等方面都表现出极大的灵活性。在消费领域，它不是被动地适应越来越多样化的社会需求，而是积极地制造各种消费需求，引领消费时尚，同时不断扩大消费的范围，加快交换与消费的步伐，将消费社会推演到一个新的阶段。这个阶段有两个值得关注的重要变化：一是非物质形态的商品在消费中占据着越来越重要的地位。在当代，大众的流行时尚不仅反映在服装等物质商品上，而且更多地表现在人们的生活方式和生活风格上（如某种休闲和运动方式、某种流行音乐等）。与此同时，人们的消费发生了从商品消费向服务消费的转变，经济的重心也相应地从制造业转移到服务业。这种服务消费包括教育、健康、信息服务，也包括娱乐、休闲服务。尽管这种服务消费的准确周期很难估量，但一般而言比传统商品，如汽车、洗衣机等的消费周期要短得多。人们还发现，甚至在物质商品中也渗入了越来越多的非物质因素，所谓“商品美学”，即商品的外观设计、包装、广告等在商品生产中占据了越来越重要的位置，甚至在商品构成中起着支配性的作用，直接制约着商品的生产、销售和消费等各个环节。与商品的非物质化相联系的另一变化是，符号体系和视觉形象的生产对控制和操纵消费趣味与消费时尚产生了越来越重要的影响。现代广告和传媒形象在当代文化实践中是一种强大的整合力量，它不再是普通意义上的信息传递，而是通过与所欲推销的商品有关或无关的形象来操纵人们的欲望和趣味。更有甚者，更是将自身形象也变成了商品，而且是最为炙手可热的商品。与这种新型生产力的出现以及一种生产力高度发达的经济体系的垄断性调整相适应的一种新的特定社会化模式，就是不断进行消费培训，不断培养消费者，此时的“生产已经不仅仅是产品的生产，而且同时也是消费欲望和消费激情的生产，是消费者的生产”①。

二、消费主义生成的文化背景

随着新教伦理的衰落，早期资本主义崇尚积累、励精图治

① ［法］让·波德里亚：《消费社会》，刘成富、全志钢译，南京大学出版社2000年版，第48页。

的文化精神被享乐主义和功利主义逐步取代，这成了消费主义出场的重要文化背景。

资本主义发展的早期面临的任务是迅速完成资本的原始积累，是什么让资本主义快速完成了资本原始积累？马克思强调资本原始积累离不开对农民和其他手工业者等的血腥剥夺，这是历史事实。但马克斯·韦伯却从另一个角度强调了文化价值观念或是宗教伦理精神对早期资本主义发展的作用，在其著作《新教伦理与资本主义精神》中对此进行了集中论述。他认为，新教徒为了追求“灵魂得救”这一宗教目的，通过“天职观”“预定论”等宗教戒律（即“新教伦理”）这一中介的转换而导致他们专注世俗经济行为，并把它视为宗教救赎的手段，从而养成了勤俭、刻苦、工于计算的行为方式和思维方式，客观上却助长了一套理性化的生活方式的产生。清教尤其是加尔文教提倡的伦理精神对农业与制造业资本主义的早期发展产生了巨大影响，并且也影响了某些早期资本主义手工业家庭，使这些人不像其他社会结构中的王公贵族那样挥霍，而是把赚的利润再投资，以帮助自己的事业成长。在韦伯看来，早期的新教徒能成为顶尖级的企业家，主要是因为他们所恪守的宗教伦理限制了他们的消费模式，他们认为任何一种奢侈都是很不可靠的甚至可能是魔鬼所设的陷阱，于是将盈余的利润转作再投资，而不是像早期生产模式中的富人那样把赚来的钱用在享受上，他们恪守勤劳的伦理，勤俭持家，最终事业有成。因为任何一个社会的经济要起飞，至少需要处于起步阶段的一代人或几代人具备辛勤工作的动机以及崇尚节俭的精神，多余的钱只有用来投资才能促进经济的蓬勃发展。所以，从这个意义上看，资本主义早期发展固然离不开血腥掠夺，“资本从头到脚，每一个毛孔都是血腥的”，但是，韦伯所说的励精图治的资本主义文化精神也起了重要的作用。与这种伦理精神相适应，在消费上，清教徒将人对欲望的追求看作是一种罪恶，禁欲主义是此阶段消费文化的核心，当时的报纸杂志等都是宣扬资本主义的禁欲主义的消费文化，消费也处于一个低水平状态。

随着资本主义工业化的进一步发展，新教伦理逐渐衰落。对此，丹尼尔·贝尔承着韦伯的经典研究追踪下来，他便发现资本主义精神在其萌生阶段已携带有潜伏病灶。韦伯所提到的“禁欲苦行主义”（asceticism）只是它的一面，另一面则是德国哲学家桑巴特在《现代资本主义》中诊断出来的先天性痼疾：“贪婪攫取性”（acqusitivness）。关于这一点，桑巴特在《奢侈与资本主义》一书中，从世俗化的消费文化入手来分析资本主义的发展。他认为，资本主义之所以能够发展起来，是和法英等国的贵族特别是那些贵妇人的存在有关，她们对香水、首饰、项链、服装等无休止的追求，是勤俭节约的小企业家和资本家们不断生产、其商品能不断得以销售的一个基本前提。贝尔将这两项特征分别定义为“宗教冲动力”与“经济冲动力”。禁欲苦行的“宗教冲动力”造就了资产者精打细算、兢兢业业的经营风范，贪婪攫取的“经济冲动力”则养成了他们挺进新边疆、征服自然界的冒险精神和勃勃雄心。两者在资本主义发展的前期是相互纠缠、相互制约的。可是，随着资本主义科技和经济的迅猛发展，这两种相互制约的基因中只剩下了一个即“经济冲动力”，而另一个至关重要的抑制平衡因素——“宗教冲动力”已经在发展中耗尽了能量。“事实上，正是资产阶级经济体系——更精确地说是自由市场——酿成了传统资产阶级价值体系的崩溃。这是美国生活中资本主义矛盾产生的根源。”① 对此，贝尔以美国具有清教传统的小城镇心理为例，细致地阐明了它的衰竭过程：“代表着宗教冲动的禁欲与节制精神先是被世俗法制社会碾去了神学外壳；继而被工业时代的现实主义文学、实用主义哲学和科技理性割断了它的超验纽带；最后，20 世纪初的新文化运动和分期付款、信用消费等享乐主义观念又彻底粉碎了它所代表的道德伦理基础，将社会从传统的清教徒式‘先劳后享’引向超支购买、及时行乐的糜费心理，是为古罗马与拜占庭文明堕落的先兆。”②

当“经济冲动力”完全垄断了资本主义的发展时，早期那种认真聚敛财富、加倍珍惜财富、推崇勤俭节约和诚实守信、拒斥享乐以求得到灵魂救赎和人的解放的宗教伦理精神变得越来越不受人重视。取而代之的是“先享后劳”、超支购买、及时行乐的奢靡作风，这为大众消费时代的到来提供了深厚的文化氛围，孕育着消费主义文化的诞生。同时，随着宗教

① ［美］丹尼尔·贝尔：《资本主义文化矛盾》，赵一凡译，久大文化股份有限公司 1989 年版，第 102 页。

② ［美］丹尼尔·贝尔：《资本主义文化矛盾》，赵一凡译，久大文化股份有限公司 1989 年版，绪言第 14 页。

伦理的衰落，大众文化在一定程度上也取代了精英文化，这是消费主义能够深入大众并且能够成为一种相对稳定的文化心理的文化根基。

弗洛姆对资本主义的伦理精神的变化也有过描述："自第一次世界大战结束以来，我们这个时代在相当大的程度上又回到极端享乐主义的理论和实践上去了。尽情享乐的观念与纪律严明的劳动理想形成鲜明的对照。这种矛盾还表现在：一方面接受那种强制性的劳动道德，一方面又希望在业余时间里和假期之中无所事事；一面是流水线作业和官僚机构的繁文缛节，一面是电视、小汽车和性刺激，两方面矛盾地结合在一起。强制性工作和什么都不做都会令人精神崩溃。只有将这两者结合起来，才会使生活变得可以忍受。此外，这两种相互矛盾的态度符合某种经济上的必然性：20 世纪资本主义的先决条件是，已经成为一种惯例的协同工作和最大限度地去消费产品和服务。"① 总之，支撑资本主义早期发展的伦理精神被消费享乐主义所取代是消费主义兴起的文化背景。

三、消费主义生成的制度原因

资本主义的新伦理"先行消费"以及与之相适应的某些经济体制如信用贷款、信用卡消费、分期付款等使得大多数消费，即使是追求欲望的消费，或是超出自身支付能力的消费，都变得能够当场兑现或满足，这一方面肯定了消费的合理性，

---

① ［美］埃里希·弗洛姆：《占有还是存在》，李穆等译，世界图书出版公司2015 年版，第5 -6 页。

另一方面也为消费主义生活方式的推行提供了制度保障。

二十世纪二三十年代，资本主义国家陷入一场空前的经济危机之中。英国经济学家凯恩斯认为，经济危机发生的根源是资本主义社会有效需求不足。解决经济危机应当鼓励消费和投资，于是鼓励消费的经济政策在资本主义国家得到广泛的重视与实施。我们知道，在资本主义的前期发展中，信贷体系向私人消费的渗透，只限于一些悲惨的情况（典当和高利贷），只是到了二十世纪的二十年代，它才首先在美国扩大到了用于购买耐用消费品的低支付区域，而在欧洲和日本，信贷体系向私人消费这一新的领域的扩展，一直到晚期资本主义的到来才成为典型的消费模式。在很长的时间内，人们的财产要不就是祖传而得，要不就是通过自己的工作报酬所得。大多数情况下，人们一边工作，一边梦想着有一天能得到心目中想象的物品，当有一天东西终于现实地买到手了，它们便是稳稳在手里了。也就是说，产权的获得先于对物品的使用，工作永远先于工作的果实，如同原因先于结果一样。这也是清教徒所遵循的伦理原则，曾经在资本主义的发展阶段占据了重要位置。但是，到了二十世纪二三十年代，“程序则相反，信贷的扩张，除了黎斯曼所定义的其他面向外，反映了一个由‘独占’的文明进入到‘实际使用’的文明的渐进过程。‘享有信用’的使用者，一点一点地学习到如何完全自由地使用物品，就好像那已经是‘他的’了。只有一点不同在于，他要付钱的时间便是它在损耗的时间：物品的付款期限和它的寿命期限相关（我们知道有些美国公司的计算有时还可以使两者相符）。因此这就包含了风险，因为如果故障或遗失，物品可能在付清前就已经丧亡。”[1] 也就是说，在我们还没赚到它们以前，物品就已经在那儿了，它们超前了它们所代表的努力和工作，因此可以说，它们的消费比它们的生产先行。传统的靠银行的年息过活的生活方式已经不合时宜了。波德里亚认为这是不同于清教徒精神的一项新道德，是一种“先行消费”。他对分期付款或是贷款消费有这样的描述：“今天，一个新的道德诞生了：消费先行于累积之前，不断地向前逃逸 ，强迫的投资、加速的消费、周期性通货膨胀（节约变得荒谬）：整个体系亦由此而来，人们先购买，再用工作来偿还。如此，透过信用制度，回到了一个严格意义下的封建制度，也就是说有一段时间在事先已欠给庄主，欠给了服侍性的工作。然而，不同于封建制度，我们的体系操弄一个共谋关系：现代消费者自发地吸收及负担了这个无止尽的强制性要求：购买以便社会可以继续生产，如此他才能继续工作，以便可以为他所购买的物品付钱。”[2] 以信贷来购买，相当于只是付出一部分的真实价值，便占有了物品的全部。与此同时，政府也极力鼓励这种消费主义文化，如一些美国的主流宣传把这一点表达得足见充分：“购买才能继续工作！购买，您的未来才有保障！今天多买一件，明天少一

① ［法］布西亚：《物体系》，林志明译，上海人民出版社 2001 年版，第 181－182 页。

② ［法］布西亚：《物体系》，林志明译，上海人民出版社 2001 年版，第 183 页。

位失业者。也许就是您！今天购买繁荣，明天您就拥有繁荣！"①

人们被商品缠住，不是因为他们的思想意识改变了，而是因为购买是一种不仅被制度所允许，而且还受到积极鼓励的令人愉快的行动，在政府的鼓励和信用贷款制度的催生下，更多的人加入消费大军之中，并且由于时尚变换太快，人不停地追赶时尚，不断地购买和消费，信贷方式在消费领域得到不断的运用。这些经济政策在很大程度上鼓励了“先行消费”“及时行乐”的消费心理，助长了消费主义。

此外，贝尔在《资本主义的文化矛盾》一书中认为，在消费主义形成的背景中，汽车也起到了不容忽视的推动作用。因为汽车采用装配线流水作业进行批量生产，使汽车的廉价出售成为可能，这是大众消费形成的一个重要原因。他引用了弗里德里克·路易斯的评论：“今天我们简直难以想象，当人们完全依赖铁路和马车这些运输工具时他们的社区是何等分散、何等疏远！紧靠铁路的城镇实际上也可能是遥远的。如果一个农民住在离县城五英里之外，对他来说，带着家人去城里过周末就是一件大事；而到十英里之外去访友，可能要花一整天时间，因为马需要休息和喂草料。每个小镇，每个农庄，都依靠自身条件开展娱乐和交际，人的视野狭小，只能生活在熟人与

---

① ［法］布西亚：《物体系》，林志明译，上海人民出版社 2001 年版，第 183 页。

熟物之中。正是汽车一举扫荡了闭塞的小镇社会原有的许多规则。”[①] 也就是说，汽车给人们的交通提供了方便，使人们不再局限于自己生活的狭小的地带，也为人们进行更多更好的消费提供了便利。

最后，商家与大众传媒的联姻及其产物——广告，是消费主义产生的重要原因。广告是媒体鼓动消费和宣扬消费主义的主要途径，对此，在下文将进行详细阐述。

对消费社会的出现，杰姆逊曾有过描述，在二十世纪六七十年代，一种新型的社会继工业社会后开始出现于二次大战后的某个时期（第一次经济危机前后），它被冠以“后工业社会”“跨国资本主义”“消费社会”“媒体社会”等种种名称。他指出：“新的消费类型；人为的商品废弃；时尚和风格的急速变化；广告、电视和媒体迄今为止无与伦比的方式对社会的全面渗透；城市与乡村、中央与地方的旧有的紧张关系被市郊和普遍的标准化所取代；超级公路庞大网络的发展和驾驶文化的来临——这些特征似乎都可以标志着一个与战前社会的根本断裂……”[②] 对此，他将以消费为主导地位的社会看成是与工业社会不同的“后工业社会”。

当消费主义在美国风行的时候，其他国家如英国、法国等都受到了影响，在二十世纪五六十年代达到登峰造极的地步，

---

① 转引自丹尼尔·贝尔：《资本主义文化矛盾》，赵一凡译，久大文化股份有限公司1989年版，第114页。

② ［美］弗·杰姆逊：《文化转向》，胡亚敏等译，中国社会科学出版社2000年版，第19页。

遍及所有富裕国家。英国伯明翰研究中心的学者关注了美国的消费主义文化对英国青少年的影响。霍加特（R·Hoggart）在其早期著作《文化的用途》中，描述了美国的消费主义文化对英国传统工人阶级文化的冲击，在他看来，当时，一种健康的、淳朴的生活方式正在逐步被堕落的、时髦的消费主义文化所取代，为此，他还将美国的电视、流行音乐等称为“文化赝品”。可见当时美国消费主义文化的巨大影响力和渗透力。

二十世纪七十年代以后，鉴于消费主义的价值观和生活方式对环境和资源造成的严重后果，一些有识之士开始对其进行深刻反思，并不断地向人类发出警告，可持续发展和可持续消费成为主流声音。然而，消费主义非但没有终结，且大有向中等发达国家和发展中国家扩散的趋势。二十世纪八十年代，随着西方各种主义和流派的涌入，消费主义也开始在我国泛滥，冲击了人们的价值观和人生观。

第二章　消费主义在当代中国的萌发

从辩证唯物主义来看，消费主义作为一种价值观念、一种生活方式和文化意识形态，在中国得以萌发和传播，离不开资本全球化扩张这一外部条件；与此同时，消费主义伴随资本全球化布展，能够进入国内并得以合理地存在和发展，离不开中国实施改革开放政策所奠定的物质基础，在此基础上建立的社会主义市场经济体制对消费力的释放，以及国家制度层面对消费者自主权的肯定，带来了社会大众消费观念的转变。当前，中国进入了中国特色社会主义发展新时代，但仍然处于社会主义初级阶段，并没有超越“物的依赖性”的历史阶段，在这一历史阶段，人们通过消费外在的“物”来实现自我身份的认同和社会身份的建构，对“物”的占有和消费是人的一种存在方式，“物”的尺度依然是社会评价与人的发展的一个重要向度。因而，在某种程度上，消费主义得以在中国萌发和传播，是“内应外合”的结果。

第一节 消费主义的全球传播

随着全球化进程的不断深入，各种生产要素在世界范围内流动，发源于西方的消费主义也在世界范围内广泛传播。就特定意义而言，全球化的实质就是消费主义文化的全球性扩张，因为资本的全球扩张首先就依赖于消费主义文化为其鸣锣开道，可以说消费主义文化是全球化的文化动力，也是文化全球化的核心内容。

消费主义文化在全球的发展和扩散源于消费社会中实力雄厚的（特别是跨国的）商业财团和与之紧密配合的现代媒体（尤其是电子媒体）的联姻。按照社会学家莱斯理·斯克莱尔在《全球体系社会学》中的说法，消费主义文化意识正是为国际公司实现资本利润服务的。“消费主义文化意识形态是为全球资本主义这部车子提供动力的燃料，驾驶车子的主人是跨国资产阶级，而这辆车子本身就是大型跨国公司。”① 同时，他还认为整个全球化现象就是由三种相互联系的主要结构或力量所推进和主导的，在政治层面上体现全球性的资产阶级利益要求，在经济层面上以国际公司为主体的组织手段，在文化层面上是以消费主义为主导的意识形态。也就是说，消费主义在全球化的过程中不断向其他国家渗透，其行为主体是代表资产

① L. Sklair, Sociology of the Global System, Harvester Wheatsheaf, 1991, P41 –42.

阶级利益要求的国际公司，其宣传中介或者手段是大众传媒，而最终所追求的价值目标，则是实现资本在更广泛的程度上获得更多的利润。从根本上说，消费主义全球化的实质是资本运行的逻辑结果，其源于资本增值逻辑的内在推动，而国际公司为消费主义的全球传播起到了积极的引导作用，大众传媒则起到了推波助澜的作用。本书就从这三个方面来分析消费主义文化的全球化尤其是在中国的传播。

一、资本逻辑的内在驱动

在马克思看来，资本不是一个静态的、可供观察的对象，而是一种动态的运动，而资本运动的逻辑就是无限制地增值自己、膨胀自己。关于资本追求利润的本性，马克思曾引用了《评论家季刊》的一段话，非常生动、形象地对此进行了说明："资本害怕没有利润或利润太少，就像自然界害怕真空一样。一旦有适当的利润，资本就胆大起来。如果有 10% 的利润，它就保证到处被使用；有 20% 的利润，它就活跃起来；有 50% 的利润，它就铤而走险；为了 100% 的利润，它就敢践踏一切人间法律；有 300% 的利润，它就敢犯任何罪行，甚至冒绞首的危险。"[①]也就是说，资本为了达到增值的目的，便不择手段。人们对资本似乎存有一种幻象：它就像魔鬼，魔鬼一经放出，就有可能残害一切，包括残害放出它的人。我们虽不能把现代人类社会的过度消费甚至浪费完全归结为资本的出

---

① 《马克思恩格斯全集》第 44 卷，人民出版社 2001 年版，第 871 页。

现，视资本为现代社会之一切罪恶的渊薮，但过度消费的确与资本的魔力有着某种关联。从根本上说，消费主义的产生是资本运行的逻辑结果。

当代资本主义经济的最大特点就是大众消费主导，其实质则是看似多元化大众化的大规模消费成为资本增值过程或资本逻辑得以实现的最主要经济环节。[①] 消费主义作为资本主义社会的文化意识形态，是为资本增值服务的。马克思的资本流通理论分析了产业资本循环的三个阶段和履行的三种职能，这三个阶段需要空间上并存、时间上继起，它说明了资本的不断运动对资本增值的作用。而资本的连续运动和不断循环就是社会资本的再生产过程，资本为了增值必然实行扩大再生产，但是扩大再生产的实现必须是社会生产的两大部类之间能够相互协调，否则社会再生产就不能顺利进行。如果社会生产和社会消费之间不平衡、不协调，就不能保证社会总产品得到价值和实物的补偿，那么再生产就会被打断，资本不仅不能实现增值，而且会发生经济危机。也就是说，消费同生产一样在资本增值中有着重要的作用，并且随着生产的进步，产品日益丰裕，消费是资本主义市场经济赖以维持和扩大再生产的重要前提。在分析消费主义出现的背景时，我们就已经提到，因为福特主义生产方式生产了大量的物质产品，“大量堆积的物品”等待着大家去消费，于是，资本实现利润和增值的领域不仅仅局限在生产领域，而是更多地转向消费领域，消费领域越来越成为资

① 郇庆治、刘力：《社会主义生态文明视域下的消费经济、消费主义与消费社会》，《南京工业大学学报（社会科学版）》，2020 年第 1 期。

本实现利润的最佳场所。为此，资本家要将全球的劳动者都变为其产品的消费者。从理论上讲，对每一位资本家来说，除开他自己的劳动者以外，一切其他的劳动者，一律都不表现为劳动者而表现为消费者，表现为交换价值（工资）或货币的占有人。他们拿货币去和资本家的商品进行交换。而当国内的消费市场有限的时候，资本的触角又会伸到国外，马克思早就预料到资本的这种自发运动方式必然导致世界市场，导致一切国家的生产和消费的世界化。因为资本为了生存下去，必须对全部生产关系进行变革而不能原封不动，必须变动不居、流动不息。这必然导致“生产的不断变革，一切社会状况的不停动荡，永远的不安定和变动，这就是资产阶级时代不同于过去一切时代的地方”①。于是，“不断扩大产品销路的需要，驱使资产阶级奔走于全球各地。它必须到处落户，到处开发，到处建立联系”②。可以说，在这里马克思已经预料到了今天的全球化。它不仅体现在生产领域，而且体现在消费领域，不仅是经济的全球化，还有文化的全球化，其背后的根本动力在于资本增值逻辑的内在驱动。资本作为财富的一般形式，作为创造价值的价值而被固定下来的货币，有一种不断需要超出自己的量的界限的欲望，它的扩张是无止境的过程。资本的活力就在于自我增值，它只有不断地增值自己，才能保持自己成为不同于使用价值的自为的交换价值。但是“资本，别的不说，也是

① 《马克思恩格斯选集》第1卷，人民出版社2012年版，第403页。
② 《马克思恩格斯选集》第1卷，人民出版社2012年版，第404页。

生产工具，也是过去的、客体化了的劳动”①。也就是说，资本也是被利用了的（工具），不过是人类能够找到的释放人类潜在能量，实现占有一切、支配一切的愿望的工具而已。应该说，资本是一种社会运作方式，是一套社会制度，是一组行为方式，而绝不是简单的符号和增值，因为没有增值的土壤、阳光和水分便没有增值本身。资本运动的这一逻辑是奠基于资本家追求财富的无限的欲望之上的。正是在这个意义上，马克思经常把资本家称为“人格化的资本”，资本增值的本性是“人”运作和赋予的结果。生产者在引起、形成和创造需要方面起着主要的、首创性的作用。“资本主义的创造力不是由任何看不见的手引导的，而是由管理人员和企业家的十分看得见而又敢做敢为的手所指引的。……这个体系的有创造性的中心就是熟练的企业家。”②

所以，看似是自主的消费选择，事实上，消费已经不是单纯为了人们的需要，而是服务于资本的逻辑。消费主义是从属于资本逻辑的意识形态。这有很多的例子可以说明，其中之一就是美国“9·11”事件之后，美国人不再热衷于逛街买东西而更愿待在家中看电视，关注恐怖与反恐怖之间的较量，本已低迷的经济因此一落千丈，一时间经济近乎萧条。于是，布什向全国民众发出呼吁：走出恐怖袭击的阴影，走出家门，用手中的信用卡支持美国经济。而通用汽车公司的广告词：“团结

---

① 《马克思恩格斯全集》第30卷，人民出版社1995年版，第26页。

② ［美］乔治·吉尔德：《财富与贫困》，储玉坤等译，上海译文出版社1985年版，第78页。

起来，让美国的车轮继续向前奔驰!”它向美国人做出暗示：买一辆全新的、闪亮的通用汽车。或者说，为了美国，掏钱包吧！这很鲜明地看出了消费主义的意识形态性。如果说，追求剩余价值是资本机器运转的原动力，那么，消费主义的盛行则是资本机器运转的链条，消费主义最终是为资本主义体系服务的。

二、国际公司的全球操纵

国际公司是指由两个或两个以上国家的经济实体所组成，并从事生产、销售和其他经营活动的国际性大型企业，又称跨国公司或多国公司。国际公司的雏形最早出现在 16 世纪，成长于 19 世纪 70 年代之后，已经成为世界经济国际化和全球化发展的重要内容、表现和主要推动力。国际公司一般从全球战略出发安排自己的经营活动，在世界范围内寻求市场和合理的生产布局，定点专业生产，定点销售产品，以牟取最大的利润。可以说，国际公司是经济全球化的产物，也是经济全球化的推动者。而在以消费主义文化为核心的文化全球化的过程中，国际公司又是其中的积极引导者。

对于国际公司与消费主义传播的关系，斯克莱尔指出：“消费主义是为全球资本主义体系服务的，这个体系在 20 世纪的大部分时间内由受美国所驯化的国际公司所支配。正是对资本主义企业产品的消费永恒增长这样一个动态过程，贯穿了它各个个体单元最大限度地获取利润的运作，从而维持着整个资本主义体系，丝毫不顾它会对这个星球带来什么后果。”① 当代的文化工业跨越了从电视广播事业到旅游、广告事业等几乎所有行业，并试图通过有关发展、信息、组织、日常生活和变革等方面的一整套观念的传播，把全球的观众、听众都变成跨国商品的消费者。他将消费主义与国际公司的关系形象地表述为：“消费主义文化意识形态是为全球资本主义这部车子提供动力的燃料，驾驶这辆车子的是跨国资产阶级，而这部车子本身就是大型跨国公司。”② 国际公司生产信息，地方媒体负责传播信息，但是从根本上说是跨国公司控制着整个系统，它通过操纵金融领域，主要是广告业，给地方媒体系统强加上一个“生产—财经”的“钳形攻势”。面对国际公司的进入，民族主义和公众力量难免会有有敌意的反抗，国际公司要在全球的市场上占有更多的份额，必须得到当地人们的认同，自然需要一种能得到当地人们认可的消费文化或是价值观念为其鸣锣开道，从改变当地人们的消费文化和消费心理开始，使国别不同、文化背景不同的人们的消费行为和消费价值观念趋同，以此塑造出全球性的更多的消费者。这种策略主要体现在两个方面：

一是通过与当地的民族文化相融合，使其所宣扬的消费文化更容易被接受，而不是最粗糙形式的同质化。辛克莱曾经指出，即便是最富侵略雄心的国际公司品牌，如可口可乐、万宝

① L. Sklair, Sociology of the Global System, Harvester Wheatsheaf, 1991, P149.

② L. Sklair, Sociology of the Global System, Harvester Wheatsheaf, 1991, P41－42.

路与麦当劳，都还必须费心确认他们各国目标市场的文化特征。这些营销策略的结果，可能是以弦外之音推销广告信息，成为现成（但很有问题的）知识的组成部分，建构“民族国家的文化认同感”。辛克莱举了个例子，他说20世纪70年代通用汽车公司为了将其侯登车卖到澳洲，推出了一句显然是“澳洲本色”的诉求：“足球、肉饼、袋鼠，再来就是侯登车。南方星子照耀之下，他们身手相连并行。”以下这句口号是通用公司在美国营销时推出的“权宜转用”口号：“棒球、热狗、苹果派与雪佛兰。在美好的美国大地，他们身手相连并行。”对于这个现象，辛克莱的评论是：这个例子告诉我们，观众根本无从知道广告的详情。乍看之下，似乎是以他们本国色彩的修辞向他们诉求的广告，实际上只是全球同一广告运动的版本；我们也从中知道，全球营销策略，远比世界品牌（译按：这个明幌的做法）还要来得阴柔而暗地潜行。[①] 同样，与国际资本对中国社会的进入及其产品和形象的本地化过程相连接的是国际资本对当代中国社会的阅读和改造。发生在2001年初的可口可乐（中国）饮料有限公司选择体育明星伏明霞并加以包装再造，作为其雪碧（Sprit）产品的广告形象代言人，因此就有了深刻的意义。它告诉人们，国际广告资本怎样消费一个民族的深层记忆，又是怎样把它的固有特性和本质与所在地的社会、文化连接从而转化为消费欲望。在这样的过程中，国际资本如何通过对其广告形象的颠覆，再造与重塑

① 参见［英］汤林森：《文化帝国主义》，冯建三译，上海人民出版社1999年版，第215页。

符合它需求的广告符码，这样的再造与重塑在怎样的程度上进行，它添加了又去除了哪些文化元素，对当代中国社会产生了怎样的影响，无疑都是很值得玩味的。而这样的事件，也深刻地透析出国际广告资本与中国消费意识形态的建构之间的关系。

二是通过将其价值观念宣扬为普遍适用的、人类认同的、美好的、更为进步和现代的价值，以此来改造当地的民族文化。还是以可口可乐为例，其全球广告凸显的主题就是描述“高兴、大笑、运动与音乐”，据说这一广告在 1992 年冬季奥运会期间就拥有 131 个国家的 38 亿观众。国际公司的广告所展示的消费习惯或是生活方式并不一定与当地的传统文化相适应。其防护措施便是通过教给当地人们新奇的消费模式使当地的传统文化开始现代化，告诉他们那样消费对他们是有益的。无论如何，国际公司会利用老奸巨猾的营销策略，花出昂贵的费用去克服来自个体或是文化方面对新产品的抵制。与迎合当地居民的消费偏好相比，国际公司的广告常常设计去改变或是克服他们的消费偏好。由于媒介宣传的一些内容尤其是广告给许多生活在第三世界国家的人们以逃避现实困难的幻想，是个人自我实现的理想化的表达：如“消费即幸福”。对某些沉浸在无望的工作，为生存而挣扎于肮脏和堕落之中的人们，北美媒介制作的幻想就像福音传教士一样，描述“好一点的故事”，一个将来好一点的希望，或至少得到一些观望别人享受好生活的替代性欢乐，起到精神鸦片的作用。当穿上阿迪达斯，喝上可口可乐，吃着汉堡或是看着美国大片，听着摇滚音乐，幸福便即刻拥有。这使大多数观众能欣然接受，这也是消费文化能成功渗透于第三世界的秘密之一。

三、大众传媒的积极引导

大众传媒是指大众传播媒介，是传递新闻信息的载体，是报纸、通讯社、广播、电视、新闻纪录影片和新闻性期刊的总称。西方称为新闻媒介（News media）或大众传播媒介（Mass media）。大众传媒（尤其是电子传媒）为消费主义在全球的传播起到了推波助澜的作用，正如西方一位理论家指出的："资本主义的统治直接来自于大众传播媒介对资产阶级意识形态的传播。"[①] 这里要特别指出的就是现代广告。从根本意义上说，广告是商业集团（尤其是大型国际公司）与大众传媒联姻的结果。早在 1903 年，一个负有盛名专门为美国费城一家大百货商场写广告词的人就用一句话总结了全国性广告的意义："广告在销售这个领域里的作用就如铁路在运输业中所起的作用。"[②] 前面已经提到了国际公司营销策略中重点也是在于广告，但突出的是跨国公司的主导作用。这里将进一步分析广告在消费主义文化全球化中的推波助澜作用。

美国学者莫兰对广告深有研究，他形象地将广告的历史发展划分为三个阶段：第一阶段相当于生活必需品的传播，以信

---

① Alan Swinge wood, The Myth of Mass Culture, London: Macmillan, 1977, P78.

② 转引自杨伯溆、李凌凌：《资本主义消费文化的演变、媒体的作用和全球化》，《新闻与传播研究》，2001 年第 1 期。

息传播为主，注重的是信息的重复，这是最初意义的广告。第二阶段注重进步，不仅强调要把产品的革新告诉公众，而且以神话的方式把革新作为刺激消费的一个决定性因素来对待。第三阶段是前边两个阶段的继续，着重发展其中一半是想象的广告，让广告中充满心理情感的因素，也就是说充满神话的因素。他还特别指出，第三阶段的广告作用正是要将产品变成毒品，以便产品的购买和消费使人感到欢乐和慰藉，使人受到束缚。可以说，通过大众传媒加工制作的广告正是如此，将产品置于一种特殊的象征语境之中，这种特殊的象征语境赋予自身没有意义的产品以意义，以挑起藏在人心深处的消费和占有的欲望，使人和消费紧紧地捆绑在一起。[①] 在商业利益的促动和大众媒体的精心策划下，我们看到今天的广告已经越来越脱离了本来意义即向购买者提供某种商品以及服务信息的职能，或者说根本不是第一阶段的职能，完全进入了莫兰所说的第三个阶段。现代广告是通过什么机制宣扬消费主义价值观念，将人与消费紧紧联系在一起的呢？

首先，现代传媒广告运用发达的数字处理技术，通过精心巧妙的制作，将一系列的象征意义和价值赋予在普通消费品之上，将商品的“符号价值”和“意义生产”发挥到了极致。所谓罗曼蒂克、高雅、美好、成功、科学进步与舒适的生活等各种意象都可以附着于各种普通的消费品上；产品的真实信息隐于其后，代替它的是现实的享受、力量的象征、快乐的获

① 参见［法］艾德加·莫兰：《社会学思考》，阎素伟译，上海人民出版社2001年版，429－430页。

取、幸福的获得的同义语；甚至广告的成功就在于它能将普通的商品宣扬为一个如梦境般美好的事物，一个只要拥有它就拥有了某种幸福和圆满的东西。于是，广告激发人们为之奋斗，去获得这种商品，正是媒体的反复宣传与强化，巩固了产品在人们心目中的符号化特征。而人们按照广告去消费，就不再是在消费某一物品而更多的是在消费某种符号，正所谓“如果我们把产品当作物来消费，那么，通过广告我们消费它的意义”[①]。从前的“购买商品”“使用商品”“满足需要”不再是人们消费的唯一目的，更多的是“占有商品”“拥有象征”，并通过对商品的“拥有”来表达自己的心态和身份，表达对他人和周围环境的感受，并以此作为融入一定社会群体（通常又是主流社会群体）的途径。尽管人们知道“符号价值”和品牌特征都是人运作的结果，广告本身也不是对人的一种理性的说服，可它就是捕捉到了消费社会时代人的心理结构，并能与之相适应。“倘若广告成功地将某种产品同消费者饶有兴趣的美学联系起来，那么这产品便有了销路，不管它的真正质量究竟如何。你实际上得到的不是物品，而是通过物品购买到广告所宣扬的生活方式。而且，由于生活方式在今天为审美伪装所主宰，所以美学事实上就不再仅仅是载体，而成了本质所在。”[②] 也就是说，广告受众不在乎广告给的信息的真伪，不

① Baudrillard. Jean, Elected Writings. Edited by Mark Poster. Cambridge: Polity Press, 1988, P10.

② ［德］沃尔夫岗·韦尔施：《重构美学》，陆杨译，上海译文出版社2002年版，第7-8页。

是根据理性来判断，而是根据内心所向往的和肯定的信念来消费。正如波德里亚指出的，人们或许并不相信广告是真实的，但还是按照广告来消费，就像人们不相信圣诞老人存在一样，但还是宁愿相信他带来的礼物和“母性”般的关怀。在媒体的强化下，人们心目中也越来越赋予这些产品或品牌以明确的身份、地位等特征，在符号的海洋中，人们看到的不是真实的物品，而是物品的意象，产品不再以其原初的功能而是以广告中的意象深入到人们的心中，这时物品的客观内容和社会历史都无关紧要了，真实消隐于意象之后，人们失去了对现实的把握，以致商品的真实使用价值变得愈加模糊而难以辨认。正是这种意义的消费引导、刺激了越来越多的人的消费欲望，屏幕上的生活剥夺了现实生活的魅力，人们总是处在一种焦躁和匮乏之中，认为真实的自我生活是残缺的、碎片化的，是必须要抛弃掉的，根源就在于自己不能像屏幕广告上那样去消费。那么，对他们来说，走出焦虑与匮乏感的唯一道路便是去购买、去消费。因此，正是大众传播媒介精巧的制作技术赋予了普通商品越来越丰富的符号意义，并把越来越多的人（不分等级、地位、阶层、国家、贫富）都卷入其中，推动着消费主义成为一种大众化的价值观念与生活方式。

其次，媒体广告还利用心理学技巧，将消费本身与时尚、幸福联系在一起，制造“消费崇拜”和“消费神话”，以达到将消费主义内化为人们的生活方式的目的。我们经常看到，在广告展示的世界里，异性的青睐、个人的成功、事业成就与人生幸福，似乎根本不需要通过艰辛的工作而取得，这一切皆在挥霍和消费之中，获得它们的条件是拥有“一辆高档汽车”和可以无度挥霍的金钱。大众媒体在市场与效益的胁迫之下，“不断通过极为便捷的信息通道操纵大众的生活并掩饰生活境界低俗化的真相。从而将电脑化的思维方式和现代消费的价值标准强加给所有的社会阶层和个人，以金钱神话的意识权力话语方式控制大众的思想，使钱成为意义匮乏时代金光闪闪的现代神话”①。也就是说，它把人们的视线都转移到对物品的消费上，也就是“花钱”上，将消费推到了人生目的和造就人生幸福的制高点。正如埃及学者谢里夫·海塔塔特别指出：“全球化的商业传媒以无需为其描绘的语言的真假问题操心，它们的作用就是促销……它们遮蔽了真正的人，隐匿了自然的美，阻断了时间的历程，混淆了人生的阶段，在我们是谁、能够怎样、应该怎样等问题上注入了虚假的价值观。”② 通过广告，种种流行和时尚被人为制造出来，受众却将之当作社会主流在现实生活中加以模仿和盲从。尤其是当人们发现自己的消费观念、消费方式和生活方式与所追求的理想消费不相符时，便会主动加以调整，这样，人为制造的流行和时尚也就潜移默化地转变为真正的流行和时尚。同时正因为时尚是制造出来的，所以，它便会朝三暮四，转瞬即逝。人们在追赶时尚和潮流的过程中不断地消费，永不满足。这样看来，广告不仅仅是

---

① 王岳川：《当代传媒的“后现代”盲点》，参见《人文评论——中国当代文化战略》，作家出版社 1995 年版，第 75 页。

② 谢里夫·海塔塔：《美元化、解体和上帝》，载于《全球化的文化》，杰姆逊、三好将夫编，马丁译，南京大学出版社 2002 年版，第 231 页。

指导消费，它本身就成了消费的对象，是波德里亚指出的“物自身的叙述语言”。人们生活在符号世界里，虚拟性变成一种超现实屏幕上无所不在的、强有力的“比现实更加真实”的图像，人们渴求的生活往往就是和“在电视上看到的生活”一样的生活。

最后，传媒具有公共性，但它只是传送信息，传送者和接收者并不能互动，加之现代离散社会的形成，接收者之间也缺乏交流，这造就了接收者明显的弱势地位，极易受到媒体的影响。一般说来，传媒信息传递到接收者具有同步性，各种传媒协调一致对接收者产生影响，其有选择地展示并重新组合现实，用虚假的传媒信息代替接收者亲身体验的现实，从而使之脱离后一种现实。传媒产品公开传播的是私人消费的个人性，其很少导致人们对现实有意识的集体感知。与媒体公共性相对应的是人们以个体的形式对现实进行私人感知，而难以对所把握的东西进行公开交流，即便有交流，也是在媒体的条条框框里进行的，因为对媒体所宣传的东西，要进行细致入微地分析和交流才能把握媒体引起的各种社会利益的分歧，往往大多数人在日常生活中无暇顾及此事。所以怀着私人感情去进行文化消费的公众，几乎毫无任何防卫地听任于媒介所提供的信息的控制。并且，对传媒产品的私人消费又在一定程度上推动着人们的个性化。广告文化的本质就是由无限制的人与消费品之关系的想象力堆积而成的。在广告推动商品生产的同时，广告也成为面对在众多商品中进行选择的“指南针”。人们的生活已经被广告所包围，广告也日渐成为日常生活必需的一部分。对于大众因广告引导而消费的这种人的性格，在里斯曼的著作《孤独的人群》中有所论述，他称之为“他人导向型”的社会性格，“所有他人导向型的共同点就是，他们均把同龄人视为个人导向的来源，这些同龄人无论是自己直接认识的或是通过朋友和大众传媒认识的。……他人导向性格的人所追求的目标随着导向的不同而改变，只有追求过程本身密切关注他人举止的过程终其一生不变”①。可以说，在消费社会中，将这里的“他人”理解为大众媒体，而将“他人的举止”看作是媒体宣扬的生活方式是最恰当不过了。当人们越来越习惯于坐在电视机前，从电视节目里寻找现实和安慰时，他们逐步沦为消费的机器。由于他们的消费被生产商品的大公司所引导和操纵，他们的生活观念和行为准则不可避免地受到一定程度的控制。

总之，消费主义利用现代科学与传媒技术，以广告的形式席卷大地，从各方面潜移默化地鼓吹“物质消费”，向人们灌输“新的生活标准”理念，使从西方到东方，从城市到乡村，从有钱有闲阶层到普通的工薪大众乃至失业群体，都一并融入进来了。大众传媒慢慢地将人的意志力和理性瓦解，让其不知不觉陷入消费主义的诱惑之中，如同加拿大文艺理论家诺思洛普·弗莱所言，广告宣传的影响起作用时，就像弥尔顿在《失乐园》中所描写的撒旦引诱夏娃一样：“可怜的夏娃，只意识到是一条向来沉默的蛇在对她说话，她的意识被某种不可思议的东西镇住了，撒旦所要告诉她的一切，都越过意识的警

---

① ［美］大卫·里斯曼：《孤独的人群》，王崑等译，南京大学出版社2002年版，第14页。

卫，抵达了我们称之为无意识的部位。当她后来在需要做出自由选择时，她除了撒旦的观念以外没有任何主见，于是只好采纳撒旦的观点。”①今天，即使在生活必需品被剥夺的偏僻村庄里，人们仍然可以收看到卫星电视、音乐电视甚至有线电视。在大众传媒的影响下，即使是经济收入并不宽裕的普通民众，也在消费主义文化意识形态潜移默化的感召下，无视自己的经济能力而“积极主动地”加入采购者大军与欲购者队伍，包括中国在内的大多数发展中国家都不同程度地受到了消费主义文化的影响。“人们，特别是第三世界的穷人，接受消费主义的文化意识形态，是因为一些很容易理解的原因。在一些情况下，这是他们所能做出的唯一的经济上合理的选择。它常常是（甚至总是）一个圈套，但是钻进圈套的人并非出于愚蠢或无知，而是由于别无选择，这种圈套正像是农民不得不把玉米种子喂给孩子吃一样，他们别无选择。”②

通过以上分析可以看出，消费主义在全球的传播离不开跨国公司的积极引导，大众传媒的推波助澜也功不可没，但归根结底，它是生产技术集团为了使大量过剩的商品能够销售出去，实现资本的增值，而不惜动用一切国家机器的结果。因为生产具有无限扩大性，生产者对利润的追求无止境，因而只有消费具有无限性，才能顺利地完成再生产并获取利润。广告舆

---

① ［加］诺思洛普·弗莱：《现代百年》，辽宁教育出版社 1998 年版，第 11 页。

② L. Sklair, Sociology of the Global System, Harvester Wheatsheaf, 1991, P159.

论等宣传工具、大众传媒或是文化媒介人不过是充当了生产技术集团的合谋人而已。正如西方城市史和汽车史的研究者指出：是贪婪的商人看准了没有第二种交通工具能像私人轿车一样帮他们赚钱，于是他们劝说并诱导政府与他们合谋，削弱了公共交通事业，走向了发展私人轿车的歧途。以消费主义为动力的消费品生产，其动机不是考虑消费者利益或全社会的利益，而是为了生产者的利润。生产者不但为利润而制造消费品，而且也为利润而创造需求。资本要在全球实现其利润的增长，消费主义文化为之鸣锣开道便是不言而喻的了。

第二节　改革开放的内在影响

在全球化背景下，中国不仅被纳入世界生产体系框架之中，也成为世界市场的一部分。消费主义之所以在二十世纪二三十年代在美国等发达国家产生，归根结底在于西方工业经济所奠定的物质基础。从时间逻辑来看，消费主义能够顺利潜入中国，是与中国 20 世纪 80 年代启动改革开放政策密不可分的。

改革开放给中国带来了翻天覆地的变化，曾经奠定国民物质基础的高度集中的计划经济向市场经济转型，由此带来了社会的巨大变化和迅速转型，尤其在消费领域掀起了一场革命。戴慧思指出：“在不到 10 年的时间里，数千万人有了新的通讯方式，新的社交词汇以及通过新的商业化途径产生的新的休闲方式。毫不夸张地说，中国经历了并正在经历着一场消费革命。”① 可以说，中国的消费主义的形成是伴随着自身经济的增长与对经济全球化参与的深入而逐渐确立的。

一、改革开放丰富了物质文化的供给

1978 年党的十一届三中全会以后，为了解决“人民日益增长的物质文化需要同落后的社会生产力之间的矛盾”，中央政府决定实施改革开放政策。邓小平指出：“要发展生产力，就要实行改革和开放的政策。不改革不行，不开放不行。”② 如何进行改革开放，邓小平强调：“就要尊重社会经济发展规律，搞两个开放，一个对外开放，一个对内开放。”“对内开放就是改革。改革是全面的改革，不仅经济、政治，还包括科技、教育等各行各业。”③ 并提出建设小康的现代化目标：“我们奋斗了几十年，就是为了消灭贫困”④，小康成为人们消费生活水平的目标。然而在改革开放初期，由于长期处于消费欲望与需求受到很大约束的短缺经济状态下，多数人群还处于维持温饱阶段，无以形成一定的消费内力。消费不足与节俭实用的消费观念成为中国消费文化形成的两大障碍。为了进一步加快改革开放步伐，改善人民的生活水平，邓小平在 1992 年 1 月视察南方的讲话中，旗帜鲜明地阐述了自己的观点：“不坚

① 戴慧思、卢汉龙主编：《中国城市的消费革命》，上海社会科学出版社 2003 年版，导论第 3 页。

② 《邓小平文选》第三卷，人民出版社 1993 年版，第 265 页。

③ 《邓小平文选》第三卷，人民出版社 1993 年版，第 232 页。

④ 《邓小平文选》第三卷，人民出版社 1993 年版，第 117 页。

持社会主义，不改革开放，不发展经济，不改善人民生活，只能是死路一条。”①

在上述一系列指导思想下，国家在宏观制度层面积极采取措施，调整积累和消费、工业和农业、轻工业之间的比例关系，施行补贴消费政策，将资源分配向居民倾斜。如在私人消费领域采取一些“补偿消费”制度，扩大日用消费品工业的投资比例，而且不断增加城镇居民的工资收入，提高了他们的实际购买力，从而焕发了人民群众极大的消费热情。这种热情不但弥补了过去计划经济时代留下的“消费欠账”，而且恢复了人民对党和国家的信心，使得党和国家的民望得到提高。整个社会生产力得到极大释放，1980 年到 1986 年间，中国的国民生产总值增长率大大高于同期世界水平，也高于发展中国家和西方工业国家，据世界银行 1987 年世 界发展报告，在 1980 年到 1985 年所统计的 119 个国家中，中国国民生产总值增长率位居第二；农业增长率仅次于阿拉伯联合酋长国；工业增长率位居第五；服务业增长率位居第一；投资额增长率位居第二；居民消费年增长 7.7% ，提高幅度位居第一。②

在日常物品方面，个人消费商品化、市场化程度迅速提高，改革开放 10 年间，农民生活消费中商品性支出由 39% 提高到 64% ；城市职工非商品化和非市场化的消费正在逐渐消失。消费结构由数量扩张型转为质量提高型，生存性消费比重

---

① 《邓小平文选》第三卷，人民出版社 1993 年版，第 370 页。

② 陈田：《进步与差距——我国改革开放十年来经济成就及国际比较》，《中共山西省委党校学报》，1989 年第 1 期。

逐步下降，发展、享受性消费比重逐步提高，如城乡居民开始“吃讲营养，穿讲时髦，用讲高档，行讲舒畅”，消费模式正处在由追求生存性消费为主向追求发展性和享受性消费为主的变化之中。①

在改革开放政策的全面推动下，文化领域也发生了巨大的变化，改革开放之前以文化事业供给公益性文化产品为主的局面逐渐被从文化事业体制中萌芽成长起来的文化产业打破。1979 年，广州东方宾馆开设了国内第一家音乐茶座，成为文化市场兴起的一个标志。随后，营业性舞厅、歌厅等经营性文化活动在各大城市竞相开业。1983 年上海市和广州市在全国城市中率先进行录像生产和经营活动，形成了最早的一批流行歌手和演艺公司，大众文化消费市场萌芽。广告业得到恢复，在营销、宣传、推广等经济活动中成为亮丽的风景。电影业进入市场运作模式，开始独立核算，自负盈亏。体育产业也迅速发展起来，我国 1990 年举办的第十一届奥运会，开始了体育产业化、市场化运作的尝试。剧团得到恢复性的增长，传统剧目被大量挖掘上演。书报刊大量增加，种类扩张，稿酬制度也得到了恢复，文化的经营属性进一步凸显出来。此时文化工作者可以从事文化经营活动并增加收入，文化事业单位也可以面向市场“创收”“搞活”，实行“以文补文”。同时，文化政策出现了面向市场调整的引导和变化。1985 年，我国从事国民生产统计时开始把文化艺术业列为“第三产业”，即承认了

① 张红伟、吴萍：《市场经济下的个人消费探析》，《四川财政》，1999 年第 4 期。

文化艺术的产业属性。1988 年，第一次在政府文件中使用了“文化市场”概念，随后文化部设置了文化市场管理局。1991 年，国务院在批转的《文化部关于文化事业若干经济政策意见的报告》中，正式提出了“文化经济政策”的概念，肯定了“以文补文”的正当性。自此，党和政府对文化的意识形态属性与产业经济属性关系的处理已由被动走向主动。一元文化主导下的多样化生态逐渐生成，文化经济迅速发展，文化市场体系逐步确立，文化市场的繁荣发展，为社会大众文化需求进一步满足和文化消费市场的形成，提供了便利条件和政策基础。

二、改革开放释放了消费潜力

消费力是消费者在一定条件下为满足自身的物质文化需要而占有和享受消费对象的能力，它是消费的条件和首要手段，表征着消费者的个人能力，一定社会消费力水平的高低标志着该社会消费资料的发展程度。马克思曾多次提出“消费力”“消费能力”“消费的能力”“社会消费力”“绝对的消费力”等概念，它与生产力是一种辩证统一的关系，一方面，生产力决定消费力的对象和消费力的主体；另一方面，消费力的提高又会促进生产力的发展，消费力的降低则会阻碍生产力的提高。

自中华人民共和国成立到我国实行社会主义市场经济之前，消费在我国确实没有受到足够的重视，我国处于一种“高生产—低消费”状况。消费力长期处于隐匿存在状态，社会大众的消费欲望被长期抑制，因而在很大程度上阻碍了生产力的提高和发展。“在那里，高度的生产主义，特别是对重工业和资本商品的注重，与压低群众可支配收入增加的政策所造成的低度消费主义结合在一起。”① 而市场经济本身是需求导向型经济，消费是社会一切生产经营活动的目的、归宿和根本动力。随着社会主义市场经济的逐步建立，“高生产—低消费”状况导致国内消费的严重不足，对经济增长造成了巨大的束缚，这也从另一个角度将消费对经济增长的本来意义凸显了出来。为了实现经济的繁荣，市场就必然要不断激发人们的消费需要与消费热情，不断创造出新的经济增长点。在一定意义上，消费对推动经济增长、为经济增长注入持久的动力等方面发挥着重要作用，刺激消费也能够鼓励人们提高生活水平，刺激工业的发展，保证充分就业，为社会发展提供动力。否则，即使生产有了一定的发展，而消费的环节却没有跟上，长期处于低消费状态必然会影响社会的正常生产和经济的良性运行。凯恩斯经济学的“有效需求原理”在一定程度上揭示了消费对促进经济增长和解除经济危机的作用。在社会主义市场经济条件下，生产的规模决定于需求包括消费需求和投资需求的大小，要促进生产发展，必须扩大需求，也就有必要通过各种手段去挖掘人们潜在的消费欲望。

随着改革开放的推进，社会分工进一步细化，我国社会财富初步积累起来，社会大众的消费力也日渐提高。在国家消费

① L. Sklair, Sociology of the Global System, Harvester Wheatsheaf, 1991, P148.

政策制度安排的推动下，我国消费领域自改革开放的20年里，出现了三次消费浪潮："第一次是从1979年到1984年，以第一代'四大件'的普及为特征；第二次是从1987年到1991年，以第二代'四大件'的普及为特征；1992年开始出现第三次浪潮，则以电话、私房、小汽车和微机的普及为特征，构成了时代特征鲜明的第三代'四大件'。"① 到20世纪末期，消费品紧缺的状况已经根本改观，国内商品市场趋于供求平衡，甚至在有些领域出现供大于求、产品相对过剩的趋势。随着经济的持续增长，多元的资源配置体系导致资产拥有者发生了巨大变化，新的社会阶层不断形成，作为新富代表的中等收入阶层与上等收入阶层开始崛起，国民的阶层消费力分化和消费分层现象也开始出现，电话、私房、小汽车等成为先富群体追捧的对象。一些率先富裕起来的地区整体进入了低水平的小康生活，如北京市在1997年小康实现程度已达98.7%，包括边远山区在内的绝大多数居民已跨越温饱步入小康，在全国各省市中居于领先地位。人们的消费需求、消费选择和消费生活水平等方面发生了深刻变化。

三、改革开放改变了消费观念

在计划经济时代，评价一个人的社会价值是根据其在生产领域对社会做出的贡献，往往努力工作，做一颗兢兢业业的螺丝钉的人会得到较高的评价。相应的，在消费领域，大家都是

① 郑红娥：《社会转型与消费革命——中国城市消费观念的变迁》，北京大学出版社2006年版，第111页。

按部就班地遵从国家为每个人制定的平均消费水平，基本没有消费者的自主权。尤其是国家实行“统购统销”政策，将基本消费生活资料控制在国家手里，对城镇居民的基本消费品采取限量供应措施。人们只能根据配额从国营商店购买基本消费品（粮食、布匹、食油等），其他大部分消费品也处于短缺状态。这种消费方式是与计划经济时代物质匮乏的状况相适应的，它有利于稳定社会秩序，并有利于国家着力解决迫切需要解决的问题。可是到了现代社会，尤其是改革开放和中国实行社会主义市场经济以来，这些消费方式与社会发展矛盾日益突出。一方面，过于勤俭的消费观念，使社会总的消费不够，内需严重不足；另一方面，过于平均的消费水平，在一定程度上限制了人的个性的发展，掩盖了社会矛盾，阻碍了社会的发展。尤其是随着社会主义市场经济的推进和民主政治的实施，个体对自己的权利（包括消费的选择权等）需要更为迫切，社会主义市场经济凸显了消费的自主权。

第一，社会主义市场经济的实施改变了计划经济时代“平均主义”的消费观念，肯定了收入和消费差距的合理性，为消费者自主权的产生提供了社会环境。中国自古以来有着“大同社会”的理想，平均主义思想比较严重，直到计划经济时代，私有财产还是被打击的对象，“家无恒产”，大家的收入和消费水平都比较齐一，尽管工人存在“八级”工资制、工龄差异、地区差异和其他各种等级差异，总体上人们之间的收入差异并不大，而同等工龄、资历的人员之间的收入则几乎没有什么差异。“整个中国如同一个寄宿制学校，大家穿一样的衣服，吃一样的饭菜，坐的是公共汽车，住的是单位分配的住房。”[①]收入的均等，加上当时物质产品的匮乏，人们在消费水平上缺乏相互攀比的客观条件。并且，如果超出消费的平均水平，往往会遭致他人妒忌，甚至受到单位领导和同事的批评。在这样的社会背景下，为了避免妒忌和批评，人们倾向于保持与大众一致的消费方式。总之，在一个以“大锅饭”为特征的平均主义社会里，“欲望的起飞”缺乏必要的社会动力机制。因此，在改革开放以前，人们的欲望水平在总体上比较低，同时相对比较凝固和稳定，消费基本上既不具有建构自我也不具有社会区分的作用。

随着改革开放的推进，平均主义的观念被一步步打破，尤其是对“让一部分人先富起来”这一政策的正面宣传，肯定了个人获取财富的合理性，从政策上肯定了收入和消费差距的存在。“金钱”“商品”“市场”这些词及本身所蕴含的丰富内涵，开始被中国人深入感知并悄悄认同。“君子不言利”的传统观念被与市场经济相联系的“市场”“利润”“竞争”等新观念所取代。由于市场给很多人提供了自由展示的机会，有人“占据先机”，成了中国“先富起来”的一部分。但是刚刚建立的社会主义市场经济却忽视了企业家精神的培养，没能引导富裕者学习发达国家富裕者的作为，即经济上富裕的人们在文化上找不到出路。其中的一些人因为文化素质低，缺乏扩大再生产的意识，对于积累的财富无法进行有效合理的分配，很

---

① 戴慧思、卢汉龙主编：《中国城市的消费革命》，上海社会科学出版社2003年版，序言第12页。

多人就只能回到古代人富裕后的老路：把积累的财富挥霍享受掉，而不是用于进一步的扩大生产创造更多的财富，解决社会上更多人的生存与发展问题，简单地说，就是缺乏现代大生产的理念与精神。他们对于自己存在的价值也缺乏合理的认识，甚至有人认为自己活在世界上的唯一目的就是吃喝玩乐，获得财富的目的就是满足自己，并且把自己的需要定位在满足“原始的”“基本的”“生理的”低层次上，表现在行为上就是饕餮般地享受与大肆占有，这跟封建式的暴发户心理相似。同时，他们又常常通过炫耀性消费来显示其“出人头地”，用名牌消费和奢侈消费等“符号”来标示个人的身份，使之得到认同。随之以工作上的成功为中心逐渐转向以生活上的成功为中心，社会结构也从刚性向弹性发生转化。与之相应的是，人们似乎也不再关心自己或他人是什么，而只注意他人拥有什么，甚至还形式化地根据他人所消费的商品品牌来对其进行定位。原本作为品质与功能保证的名牌，转而变成彰显自身身份的一种符号，对品牌的消费也达到了炫耀性的目的。消费逐渐从生产的附庸走向了社会的前台。消费的意识形态方面也发生了很大的变化。“在社会层面上，消费不再是生产的附庸，而是日益发挥着启动内需和激发生产的作用；在个人层面上，消费不再具有被动消极的含义，而是成为个人自我建构的手段。”① 这为许多人纵情消费提供了崇高的理由。同时，我们知道，个体消费行为受参照团体和其他社会因素的影响，消费

---

① 郑红娥：《社会转型与消费革命——中国城市消费观念的变迁》，北京大学出版社2006年版，第117页。

具有社会模仿性，先富起来的人们的消费自然有一种引领消费时尚的示范效应，甚至在消费领域形成了一种象征性竞争，通过互相攀比或炫耀性消费以维持或提升社会地位和身份。加之中国固有的“平均主义”“大同社会”理想的影响，一旦邻居拥有了某件消费品，自己也会跟着购买，所以，在改革开放初期的几年中，冰箱、洗衣机和彩电等耐用消费品快速进入了每一个家庭。

第二，中国的消费政策发生变化，促进了传统消费观念向大众消费观念的转变，从一定程度上也孕育着消费主义。有学者对中华人民共和国成立后的消费政策的变迁进行了详细的研究，得出的基本结论是：“从消费政策范式的演变可以看出在中国的社会主义建设事业中对消费的认识经历了一个从抑制、歧视、忽视消费作用的发挥到重视消费的重要作用的发挥再到注重消费的主导作用的发挥的过程。”① 从中华人民共和国成立以来实行的第一个五年计划，其指导方针和基本任务就是集中主要力量发展工业，建立国家工业化和国防现代化的初步基础。当时的新闻多是指导意义的“生产方式报道”，最典型的莫过于报道农业生产的“四季歌”。因消费居于次要地位，此时有关消费的报道则处于缺位状态。在接下来的时间内，基本上采取了“先积累、后消费”的发展政策，片面追求经济的高速度，提出了“先生产、后生活”“先治坡、后治窝”的口号，为生产而生产，甚至将解决人民的吃穿用等基本生活需求

① 郑红娥：《社会转型与消费革命——中国城市消费观念的变迁》，北京大学出版社 2006 年版，第 106 页。

的问题当作修正主义来批判。可以说，从中华人民共和国成立初期一直到1978年改革开放之前，这段时间内，在整个社会消费结构中，公共消费占绝对主导的地位，而且成为经济增长的主要拉动力，所取得的经济发展基本上是建立在家庭和个人长期的低消费的基础之上的。当然，根据中华人民共和国成立之初的基本国情，采取重积累、轻消费的方针是完全必要的。因为任何工业化建设的起步阶段，都必须经历一个资本的原始积累阶段，必然要求把生产放在首位，强调发扬勤俭节约、禁欲苦行的精神以确保最大限度地积累资金，为重工业发展奠定必要的基础。“它不但符合以‘崇尚节俭和谨慎消费’为核心的中国传统消费文化，而且也契合当时社会主义建设处于起步阶段的国情。必须先积累后消费，并且在发展生产的基础上逐步提高人民的生活水平，使积累和消费能够保持一种积极的、良性的互动……”① 可是，这种政策若长期坚持下去，那就会失去它的意义，甚至会产生负面影响，如计划分配与供不应求就像一对孪生兄妹，形成了一种恶性循环。这固然与当时经济发展的状况有关，但主要的还是被当时的消费政策所束缚。改革开放后，我国逐渐认识到消费在国民经济中的重要地位，开始重视对消费政策的运用，在政策上肯定了消费的合理性，而且力求通过对消费领域的调节，实现国民经济的持续、快速、健康发展。一方面，社会主义市场经济的发展使人们有了更多的消费选择，为消费提供了物质基础；另一方面，消费政策的

① 郑红娥：《社会转型与消费革命——中国城市消费观念的变迁》，北京大学出版社2006年版，第96页。

调整逐步肯定了人的消费需要的合理性，为解放人们长期被压制的消费欲望提供了政策保障，进一步为大众消费观念的转变营造社会环境。

第三节　“物的依赖性”的消极影响

波德里亚对20世纪60年代的美国情形如此描述：“今天，在我们的周围，存在着一种由不断增长的物、服务和物质财富所构成的惊人的消费和丰盛现象。它构成了人类环境史中的一种根本变化。恰当地说，富裕的人们不再像过去那样受到人的包围，而是受到物的包围……我们生活在物的时代：我是说，我们根据它们的节奏和不断替代的现实而生活着。在以往的所有文明中，能够在一代一代人之后存在下来的是物，是经久不衰的工具或建筑物，而今天，看到物的产生、完善与消亡的却是我们自己。”① 根据马克思对人类社会发展阶段的划分，“以物的依赖性为基础的人的独立性”的社会形式是人类发展必须经历的一个阶段，此时，人们之间的关系不再直接地依赖于别人或某一共同体，而是依赖于物、依赖于商品和货币。人们的需要、能力、关系乃至个性等都通过“物”来表现、实现和确证，人处于一种被动的、被外部条件决定的地位之中。由于当前我国还处于社会主义初级阶段，在社会主义市场经济条

① ［法］让·波德里亚：《消费社会》，刘成富、全志钢译，南京大学出版社2000年版，第1页。

件下，市场在资源配置中起基础性作用，我们并没有走出“物的依赖性”这一历史阶段。从本质上讲，消费体现的是人与物的关系，而消费主义在当代中国的产生与“物的依赖性”这一历史阶段的消极影响密切相关。在这一历史条件下，在处理人与物的关系上，“物”的尺度成为社会评价与人的发展的一个基本的尺度，人们通过消费商品（物）、占有商品（物）来达到自我认同或是社会认同，对物的占有和消费就成为人的一种存在方式。从一定程度上说，消费主义不过是“物的依赖性”形式下人的生存状态的一种呈现。

一、“物的依赖性”社会形式的基本特征

马克思主义揭示了人类社会发展的一般规律，对于人类社会阶段的划分，马克思从不同的角度得出了不同的结果。从社会制度的角度划分，有五种形态说，即“亚细亚的、古代的、封建的和现代资产阶级的生产方式”①，以及未来的共产主义的生产方式。后来，斯大林把马克思恩格斯的思想概括为五种社会经济形态，即原始公社制的、奴隶制的、封建占有制的、资本主义的、社会主义的。而就人的发展阶段而言，以社会主体的个人的发展程度，即个人是否获得全面发展和具有自由个性作为标准或依据进行划分，他将人类社会划分为三种阶段或是三大形式。在《1857—1858 年经济学手稿》中，马克思写道：“人的依赖关系（起初完全是自然发生的），是最初的社

① 参见《马克思恩格斯全集》第 13 卷，人民出版社 1962 年版，第 9 页。

会形式，在这种形式下，人的生产能力只是在狭窄的范围内和孤立的地点上发展着。以物的依赖性为基础的人的独立性，是第二大形式，在这种形式下，才形成普遍的社会物质变换，全面的关系，多方面的需求以及全面的能力的体系。建立在个人全面发展和他们共同的社会生产能力成为他们的社会财富这一基础上的自由个性，是第三阶段。第二阶段为第三阶段创造条件。因此，家长制的、古代的（以及封建的）状态随着商业、奢侈、货币、交换价值的发展而没落下去，现代社会则随着这些东西同步发展起来。"① 其实，这两种划分在本质上是一致的。它们之间的对应关系在于：原始社会、奴隶社会、封建社会对应于"人的依赖关系"；资本主义社会对应于"以物的依赖性为基础的人的独立性"；共产主义社会对应于建立在个人全面发展和他们共同的社会生产能力成为他们的社会财富这一基础上的"自由个性"。

在"物的依赖性"阶段，生产力水平有了一定的提高，人类不再是"像单个蜜蜂离不开蜂房一样，以个人尚未脱离氏族或公社的脐带"② 的状态存在，而是摆脱了"以直接的统治关系和奴役关系为基础"③ 的状态，原来那种"人的依赖纽带、血统差别、教育差别等事实上都被打破了，被粉碎了"，自然发生的或政治性的个人之间的统治和服从关系已不是社会的基础，生产者在"他的衣袋里装着自己的社会权力和自己

① 《马克思恩格斯全集》第 30 卷，人民出版社 1995 年版，第 107－108 页。

② 《马克思恩格斯全集》第 44 卷，人民出版社 2001 年版，第 388 页。

③ 《马克思恩格斯全集》第 44 卷，人民出版社 2001 年版，第 388 页。

同社会的联系"[①]，"毫不相干的个人之间的互相的和全面的依赖，构成他们的社会联系。这种社会联系表现在交换价值上，因为只有在交换价值上，每个个人的活动或产品对他来说才成为活动或产品"[②]。从这里我们可以看到，在"物的依赖性"阶段有两个鲜明的特征。

第一是形成全面的依赖关系。"一切产品和活动转化为交换价值，既要以生产中人的（历史的）一切固定的依赖关系的解体为前提，又要以生产者互相间的全面依赖为前提。"[③]这里所谓全面依赖，就是说，"每个人的生产，依赖于其他一切人的生产；同样，他的产品转化为他本人的生活资料，也要依赖于其他一切人的消费……这种相互依赖，表现在不断交换的必要性上和作为全面媒介的交换价值上"[④]。分工越来越发达，个人越来越服从于越来越精细、越来越唇亡齿寒般的分工链条。所以，哪怕是看起来是私人利益的东西，由于这种全面依赖，"它的内容以及实现的形式和手段则是由不以任何人为转移的社会条件决定的。……毫不相干的个人之间的互相和全面的依赖，构成他们的社会联系"[⑤]。

第二是社会关系普遍物化。"在前一场合表现为人的限制即个人受他人限制的那种规定性，在后一场合则在发达的形态上表现为物的限制即个人受不以他为转移并独立存在的关系的

① 《马克思恩格斯全集》第30卷，人民出版社1995年版，第106页。
② 《马克思恩格斯全集》第30卷，人民出版社1995年版，第106页。
③ 《马克思恩格斯全集》第30卷，人民出版社1995年版，第105页。
④ 《马克思恩格斯全集》第30卷，人民出版社1995年版，第105－106页。
⑤ 《马克思恩格斯全集》第30卷，人民出版社1995年版，第106页。

限制。”[①] 也就是说明在“物的依赖性”阶段，人受到物的奴役。在这个阶段，“活动的社会性质，正如产品的社会形式和个人对生产的参与，在这里表现为对于个人是异己的东西，物的东西；不是表现为个人的相互关系，而是表现为他们从属于这样一些关系，这些关系是不以个人为转移而存在的，并且是由毫不相干的个人互相利害冲突而产生的。活动和产品的普遍交换已成为每一单个人的生存条件，这种普遍交换，他们的互相联系，表现为对他们本身来说是异己的、独立的东西，表现为一种物。”[②] 个人依附或听命于外在的事物，“个人的产品和活动必须先转化为交换价值的形式，转化为货币，并且个人通过这种物的形式才能取得和证明自己的社会权力，…… 个人从属于像命运一样存在于他们之外的社会生产但社会生产并不从属于把这种生产当作共同财富来对待的个人。”[③] 在这种普遍的物化的社会关系中，“人们信赖的是物（货币），而不是作为人的自身”，因为“这种物是人们互相间的物化的关系，是物化的交换价值，而交换价值无非是人们互相间生产活动的关系”[④]。“人的社会关系转化为物的社会关系，人的能力转化为物的能力。”[⑤] 对此，马克思在分析商品性质时也曾指出：“商品形式的奥秘不过在于：商品形式在人们面前把人们本身劳动的社会性质反映成劳动产品本身的物的性质，反映成这些

---

① 《马克思恩格斯全集》第 30 卷，人民出版社 1995 年版，第 114 页。
② 《马克思恩格斯全集》第 30 卷，人民出版社 1995 年版，第 107 页。
③ 《马克思恩格斯全集》第 30 卷，人民出版社 1995 年版，第 108 页。
④ 《马克思恩格斯全集》第 30 卷，人民出版社 1995 年版，第 110 页。
⑤ 《马克思恩格斯全集》第 30 卷，人民出版社 1995 年版，第 113 页。

物的天然的社会属性，从而把生产者同总劳动的社会关系反映成存在于生产者之外的物与物之间的社会关系。由于这种转换，劳动产品成了商品，成了可感觉而又超感觉的物或社会的物。……这只是人们自己的一定的社会关系，但它在人们面前采取了物与物的关系的虚幻形式。"[①] 后来，卢卡奇在《历史与阶级意识》中也天才般地预见了资本主义的物化现象，提出了物化的概念，用以揭露资本主义社会的现实状况，认为资本主义社会中物与物的关系代替了人与人的关系，"物化是生活在资本主义社会每一个人面临的必然的、直接的现实性"[②]。

在"物的依赖性阶段"，人被自己创造出来的经济过程背后的"看不见的手"所支配，也就是受制于"经济必然性"。在这个阶段，人并没有获得真正的独立，所以马克思对商品经济是持批判态度的。商品经济的存在意味着确认货币这一"世俗的上帝"的地位，也意味着人的世界与物的世界之间关系的颠倒；竞争则意味着社会尚在延续动物界的生存竞争性，也意味着人与人之间的利益对抗。但是，在马克思看来，它比第一阶段"人的依赖关系"的阶段（马克思又称之为"自然必然性阶段"）要进步得多，这从他对资本主义的发展的高度肯定中便可以看出："资产阶级在它的不到一百年的阶级统治中创造的生产力，比过去一切时代创造的全部生产力还要多，

① 《马克思恩格斯全集》第44卷，人民出版社2001年版，第89－90页。

② 卢卡奇：《历史与阶级意识》，张西平译，重庆出版社1989年版，第224页。

还要大。”[①] 尽管在市场中，人与人的社会关系要通过物与物的社会关系来表现，进而“物的社会性离开人而独立”，但是，“这种物的联系比单个人之间没有联系要好，或者比只是以自然血缘关系和统治服从关系为基础的地方性联系要好”[②]。所以，浪漫主义者“留恋那种原始的丰富，是可笑的”[③]。可以说，“物的依赖性”是社会发展历史上的一个包含着痛苦经历的积极阶梯，是历史发展的必要阶段。到达这个阶段，一方面，旧的、落后的社会关系被废弃、超越或解体，历史实现了巨大的进步；另一方面，这种阶段本身又为人的社会关系的未来形态准备了历史条件。“物的依赖性”实际上“是一个必然的过渡点，因此，它已经自在地、但还只是以歪曲的头脑倒置的形式，包含着一切狭隘的生产前提的解体，而且它还创造和建立无条件的生产前提，从而为个人生产力的全面的、普遍的发展创造和建立充分的物质条件”[④]。

根据马克思的说法，“物的依赖性”社会形态按其内在规定性来说，它既不同于前资本主义社会形态，又不同于未来的共产主义社会，而是资本主义的普遍特质。按其发生机理来说，“物的依赖性”是资本主义生产方式的产物，是由于商品生产和交换价值的发展，特别是由于货币制度的发达而产生的社会关系形态。马克思认为这一阶段并不是永恒和完美的社

① 《马克思恩格斯选集》第 1 卷，人民出版社 2012 年版，第 405 页。
② 《马克思恩格斯全集》第 46 卷（上），人民出版社 1979 年版，第 108 页。
③ 《马克思恩格斯全集》第 30 卷，人民出版社 1995 年版，第 112 页。
④ 《马克思恩格斯全集》第 30 卷，人民出版社 1995 年版，第 512 页。

会，相反是造成大多数人深度痛苦的渊薮，是许多社会灾难的策源地，因而是必须加以超越的对象，扬弃“物的依赖性”是无产阶级的事业，最终要走向社会主义社会。也就是说，社会主义社会应该是从发达的资本主义社会中孕育产生的。

可是，虽然目前我们进入了中国特色社会主义新时代，但是仍然处于社会主义初级阶段，市场经济、货币经济、商品经济同样是我们的经济形式，在这种特定的历史条件下，资本主义不再是“物的依赖性”的社会的唯一形式，社会主义市场经济同样也具有“物的依赖性”特征。事实上，“如果我们把工资和剩余价值，必要劳动和剩余劳动的独特的资本主义性质去掉，——那么，剩下的就不再是这几种形式，而只是它们的为一切社会生产方式所共有的基础”[①]。正如邓小平同志所指出的，现在虽说我们也在搞社会主义，但事实上不够格。“物的依赖性”的历史阶段是不可逾越的发展阶段，建立社会主义市场经济体制是中国最基本而又符合历史实际的选择，同时我们也要关注“物的依赖性”的负面因素，消费主义就是“物的依赖性”的重要的负面影响，“物的依赖性”助长了消费主义。

二、“物的依赖性”助长了消费主义

在解释消费主义形成的原因上，有人提出了“社会攀比论”。这种理论范式可以追溯到西美尔和凡勃伦。西美尔在其

① 《马克思恩格斯全集》第46卷，人民出版社2003年版，第992页。

《时尚的哲学》中，论述了时尚的社会运行机制。他认为，时尚是下层阶级不断模仿与追逐上层阶级的行为模式，而上层阶级则通过不断发明更新的行为模式来与下层阶级拉开距离的一种“领先与追逐”的动态社会游戏。[①] 也就是说，对时尚的追求成了消费主义形成的动因。凡勃伦则分析了上流社会如何通过炫耀性消费来显示自己的经济与社会地位，并因此而导致地位竞赛的社会后果。[②] 这也无疑为解释现代消费主义提供了一个阶层动力的视角。但是，为什么对物的消费而不是其他的生活方式能成为时尚？为什么通过物的消费而不是在其他方面取得成果能成为炫耀武器库中最重要的一种？其深层次的原因在于“物”成为人们生活的核心，正是“物的依赖性”的消极影响助长了消费主义。

首先，在“物的依赖性”社会形式下，人的孤独感的产生和安全感的丧失使人更信赖于物，信赖于物质消费。在“人的依赖性”阶段，人们的生产和日常生活是有机联系在一起的，人们居住、生活、工作在一个确定的空间内，人与人之间的关系主要是以血缘关系和姻亲关系来维持，这种关系是相对透明而简单的，具有很大的稳定性，人与人之间的了解是全面的、立体的、活生生的。在“物的依赖性”阶段，个人是自由的，也是孤独的。现代社会的人们因职业或是搬迁流动性

① 参见［德］西美尔：《时尚的哲学》，费勇译，文化艺术出版社 2001 年版，第 76 – 77 页。

② 参见凡勃伦：《有闲阶级论》，李华夏译，中央编译出版社 2012 年版，第 59 – 66 页。

大大增强，出于工作和职业的需要，人们所接触的陌生人越来越多，人们大多也都是匆匆过客，在交流中，人们只是把对方当作是工作的对象和客体，而不是复杂的、立体的、活生生的人。在职业工作交往中，人们往往是萍水相逢，难以逾越藩篱成为生活中的知音，人与人之间的交流越来越片面化。马克思说："人只是在历史过程中才孤立化的。人最初表现为类存在物，部落体，群居动物——虽然决不是政治意义上的政治动物，交换本身就是造成这种孤立化的一种主要手段。它使群的存在成为不必要，并使之解体。然而，一旦事情变成这样，即人作为孤立的个人只和自己发生关系，那么使自己确立为一个孤立的个人所需要的手段，就又变成使自己普遍化与共同化的东西。"① 每个人凭自己拥有的经济物品（或劳动）的价值去和别人交换，去取得别人的劳动和价值，他依赖的是自己的物品和劳动，依赖的是自己。因此，每个人的眼中只有反映物的共同属性的货币的价值，每个人都旁若无人，他是孤立的，也是孤独的。处于这个阶段的人，脱离了政治或是血缘的纽带，获得了积极的自由。"但他同时摆脱了曾给他安全感和归宿感的那些纽带。生活不再是一个以人为中心的封闭的世界；世界已变得无边无际，同时又有威胁性。由于人失去他在一个封闭社会里的固定位置，所以也找不到生活意义所在。其结果便是他对自己及生活目标产生怀疑。他受到强大的超人力量、资本及市场的威胁。每个人都成为潜在的竞争对手，他与同胞的关

---

① 《马克思恩格斯全集》第30卷，人民出版社1995年版，第489页。

系也敌对和疏远起来；他自由了——也就是说，他孤立无助、备受各方威胁。由于没有文艺复兴时期资本家的财富和权力，又失掉了与人和宇宙的一体感，于是他被个人的微不足道和无助感所淹没。天堂永远失去了，个人茕茕孑立、直面世界，仿佛一个陌生者置身于无边无际而又危险重重的世界里。新的自由注定要产生一种深深的不安全、无能为力、怀疑和焦虑感。"[①]也就是说，从"人的依赖性"中走出来的人又被套入了"物"的枷锁之中。对从"人的依赖性"社会形式到"物的依赖性"社会形式下人的生存状态的变化，杜宁指出："为了日复一日的生计而相互依赖——那些没有到达消费者阶层的人们的一个基本特征——已经一去不复返。这些联系已经由于商业大市场走进一度为家庭和地方企业所支配的领域而断绝了关系。消费者阶层的成员自己享有人类历史上前所未有的个人独立，然而接踵而至的便是彼此依恋的下降。"[②] 人们处于一种被物包围的社会框架中，因而，"我们的选择受我们的社会压力、物质基础和习俗的约束。我们觉得拒绝我们的孩子买他们的小伙伴们都拥有的玩具是不近人情的。如果我们放弃我们的轿车而仍然生活在公共交通不发达、没有人行道的杂乱地区，我们将失去活动能力。我们不能因为我们的雇主不能减少工作时间而去选择额外的工作，并且不管我们可能不会很快的

① ［美］艾里希·弗洛姆：《逃避自由》，刘林海译，上海译文出版社 2015 年版，第 41 – 42 页。

② ［美］艾伦·杜宁：《多少算够——消费社会与地球的未来》，毕侔译，吉林人民出版社 1997 年版，第 23 页。

接受它。抵押金和轿车支付、保险金额、大学学费、公益事业等大规模项目花去了我们大部分可自由使用的收入”①。这是消费社会带来的结果，也是消费主义生活方式得以盛行的一个原因。并且由于人与人之间关系的疏远，人们更加容易感受到广告信息带给他们的影响，容易受到广告传递的温情与美好的诱惑，从而不知不觉地认同了广告带来的消费信息，消费欲望被激起，进行更多的消费便成为可能了。

其次，在“物的依赖性”社会形式下，人的生存方式是“重占有”的，而消费也是一种重要的占有的形式。弗洛姆在《占有还是存在》一书中，曾将人的生存方式划分为“重占有的生存方式“与“重生存的生存方式”，在占有关系中，人与物之间是冷冰冰的关系，而不是一种体现生命活力的、热情洋溢的关系。表面上是人控制了物，可是，由于人害怕失去物，总是绞尽脑汁去控制物，人反而成为物的奴隶。而存在的方式则是一种人的体验方式，是具有生命活力的，人是物的主人，物为人服务，人与物之间的关系是和谐的而非对立的。在他看来，在“物的依赖性”社会中，人的生存方式大多数是重占有的，因为它是一个以追求占有和利润为宗旨的社会。因此，绝大多数人都把以占有为目标的生存看作是一种自然的、唯一可能的生活方式。“我（主体）有某物（客体）这一陈述是通过我对客体的占有来定义‘我’这个主体。主体并不是我自

① ［美］艾伦·杜宁：《多少算够——消费社会与地球的未来》，毕聿译，吉林人民出版社 1997 年版，第 105—106 页。

身，主体是我所拥有的东西。”[①] “在‘占有’这一生存方式中，我与我所拥有的东西之间不存在有生命关系。它和我都成了物，我拥有它，因为我具备占有它的力量。但是，这种关系也可以倒过来讲：它拥有我，因为我自身的认识，即对心智健全的认识是建立在我占有它（以及尽可能多的东西）的基础之上。‘占有’这一生存方式并不是通过主体与客体之间一种有生命力的、创造性的过程建立起来的，它使主体和客体都成为物。两者之间是一种僵死的关系，而不是有生命力的关系。”[②] 对我们双方或多方来说，人已经不重要了，我占有何种物，我使用何种样式的物，以何种方式使用物才是重要的。于是，“在人们抱着展示自己社会身份的心态而进行消费的时候，商品的身份价值或社会标志价值便得到了实现”[③]。为此，人们不停地消费，因为消费是一种占有形式，并且是一种重要的占有形式，消费掉的东西不会被别人拿走，它可以减轻人的恐惧心理，并且在现代消费中，“我所占有的和所消费的东西，即是我的生存”[④]。以至于很多物品，我们根本就没有使用的欲望。我们获得它们就是为了占有它们。我们很满意于无

① ［美］埃里希·弗洛姆：《占有还是存在》，李穆等译，世界图书出版公司2015年版，第65页。

② ［美］埃里希·弗洛姆：《占有还是存在》，李穆等译，世界图书出版公司2015年版，第65页。

③ ［芬］尤卡·格罗瑙：《趣味社会学》，向建华译，南京大学出版社2002年版，第5页。

④ ［美］埃里希·弗洛姆：《占有还是存在》，李穆等译，世界图书出版公司2015年版，第16页。

用的占有。为了害怕摔坏，我们根本就不去动贵重的餐具和水晶的花瓶。正如弗洛姆指出的，我们也许有着很多不同的房间，有着不必要的汽车和仆人，所有这些都说明：不是使用而是占有才带来愉快。总之，不是把自己看作是自身力量及其丰富性的积极承担者，而是觉得“自己是一个贫乏的‘物’，依赖于自身之外的力量，他把他的生存状况投射到这些外在于他的力量上”①。

最后，在“物的依赖性”形式下，消费成为一种很好的建构自我身份的手段。人们通过消费使自我得到他人和社会的认同。前面提到过中国的消费伦理就是“上下不得相侵”，每个人的消费受到一定的社会地位和伦理的约束。可以说，在传统社会里，有什么样的社会地位就有什么样的消费，试图通过消费的方式来抹平身份与地位上的差距，实际上是徒劳的，而且明显地僭越消费行为是要承受严厉的惩罚代价的。而与之相反，市场经济中“物的依赖性”把每个人分属在独立的状态中。物的无阶级性和无等级性以及在空间上的分割和流动，为通过消费形式拉近身份与地位上的距离提供了可能。一些商品或食物的消费带有较高的社会地位和社会价值，因为这些东西的消费只限于社会中的高层人士。这些代表社会地位和价值的商品或食品诱使下层人民去购买和消费它们，或者自己制作，尽管他们实际上并没有足够的经济实力，只是因为这些东西代表着一种值得效仿的生活方式。在这个阶段，物成为人与人之

① ［美］艾里希·弗洛姆：《健全的社会》，孙恺祥译，上海译文出版社2011年版，第100页。

间关系的桥梁，身份与地位的显现只有通过“物的依赖性”来完成，普遍的交换关系既成了使我通达于别人的桥梁，同时也成了别人把他的个性和精神直接呈现给我的屏障，我们只是通过屏障与物认识对方，而且只有越过了屏障认识了物才有可能认识对方。波德里亚就指出，我们购买服装、食品、化妆品或娱乐，不是为了表达一种预先确定的我们是什么人的感觉，而是借助于我们所购买的东西来确定我们是怎样的人。“人的认同和消费成为同一过程的两个方面，体现为认同支配了消费，消费体现了认同。”① “到目前，消费已经成为决定个人身份特征或认同的重要因素，看一个人是什么样的人，看他如何消费就行了：真诚的和虚伪的，崇高的和世俗的，慷慨的和吝啬的，朴实的和浮夸的，善良的和凶恶的，实际的和虚荣的，有远大理想的和视野狭隘的，等等，各种品质都能在他的消费活动中体现出来。甚至可以说“一个人怎样消费，他就是怎样的人”②。有人干脆说：“你就是你穿的东西！不是‘衣服造人’，而是因为衣服是个人拥有的生命力的直接表达，生命力是无处不在的，且总是外在的。”③同样，整个社会对人的评价标准就是如此，如果你没有很高的“交换价值”，说明你是无用的，没有价值的。持有消费主义价值观的人习惯于认为，不管人们天赋和兴趣有多少不同，财富都是衡量他（她）是否

---

① 蔡雪芹：《现代消费与人的自我认同》，《理论月刊》，2005 年第 9 期。

② 韩震：《全球化、现代消费和人的认同》，《江海学刊》，2005 年第 5 期。

③ ［美］乔纳森·弗里德曼：《文化认同与全球性过程》，郭建如译，商务印书馆 2003 年版，第 158 页。

成功的最终标志。于是乎，人们往往依照获得薪水的多寡、职位的高低、荣誉的大小等外在因素来评价自己和他人，而置个人的自由、自尊、幸福于不顾。“既然现代人体验到自己在市场上既是销售者又是商品，他的自尊就依赖于他所无法控制的条件。假如他‘成功’，他就有价值；反之则一文不值。”①为了通过外在的“物”来体现自我的价值，人们只有不停地工作，不停地消费，成为一个生产者和消费者。

第四节　中国“面子文化”的深层影响

“面子”是中国人特有的文化心理现象，是中国传统文化、传统价值观、人格特征、社会文化的耻感取向共同作用的综合体。在这种观念影响之下，中国人的交往和消费经常出现“只重形式，不重实质”，讲究“表面工夫”的现象。我们可以看到，人们在穿着打扮、住宅轿车、名牌头衔、办公室布置等无不顾及“面子”，导致“爱面子”“护面子”和“怕丢面子”成为中国人典型的心理行为和文化现象，并无时无刻不影响着中国人的生活，特别是中国消费者的消费行为，这是消费主义能在中国生根发芽的深层次文化基因。

① ［美］弗洛姆：《弗洛姆著作精选——人性·社会·拯救》，黄颂杰主编，上海人民出版社 1989 年版，第 145 页。

一、“面子文化”：中国独特的文化基因

从社会心理学的角度看，面子是指个人在社会上有所成就而获得的社会地位或声望。面子分为两种形式：第一，自己构建的面子——个人对外塑造出一种良好的个人形象；第二，社会给予的面子——社会赋予个人的荣誉和社会地位。因此个人在社会交往活动中，会将自己预期想得到的面子和社会、他人的反应进行比较，两者达到均衡时，面子得到维持；两者不均衡时，面子得到提升（社会反应高于自己的预期）或者面子遭到损失（社会反应低于自己的预期）。尽管不同研究中都会有对面子的各种说法，中国的“面子文化”有其独特的生成原因和表现形式。

第一，中国儒家文化重视人际交往是“面子文化”形成的重要原因。为什么中国社会注重面子？梁漱溟曾在比较了中国文化、西方文化和印度文化之后，发现西方文化比较重视人与物之间的自然关系，印度文化重视人与自我的灵魂关系，而中国文化则强调人与人之间的关系。[①] 因为受到儒家思想的影响，中国文化推崇“仁”者思想，即重视如何处理好人际关系，使人与人之间的交往更为和谐，这样就形成了中国人特有的“面子文化”。因而，也有人将面子行为比拟为在舞台上演出的戏剧，而“面子工夫”就像是做给关系网内其他人看的“前台行为”。个人对关系网内其他人做“面子工夫”就像是

---

① 梁漱溟：《人心与人生》，学林出版社 1983 年版，第 49 页。

在舞台上演戏一样，他会刻意安排他和别人交往时的情况背景，修饰自己在别人面前的服装仪表和举止动作，期望在别人心目中塑造出某种特定的形象。[①] 正是这种文化传统塑造了中国人爱面子的心理，中国人在人际交往中总是以对方给不给自己面子和给自己多少面子来判定对方对自己的接纳程度，并对彼此的关系进行认知和评价。同时互动的双方为了促进彼此的关系，就戴上了“面子”这一面具进行交往。所以楚霸王才说：“富贵不归故乡，如衣锦夜行，谁知之者！”生活在这样文化背景中的人，都极其在意自己所在圈子的反应，说话做事前都先考虑别人会怎么看、怎么说。这才有了我们的感慨：“中国人是在为别人活。”

第二，传统小农经济结构是产生面子现象的经济根源。小而分散，同时又是自给自足的小农经济结构，各经济主体之间缺乏信息沟通，鸡犬之声相闻，老死不相往来；在这种情况下，各主体在进行利益博弈时，识别对方的主要信息渠道就是面子。中国农民有一个传统习惯，就是喜欢修饰门面，这就是一种面子意识的具体反映。当然，这里深层的动机是利益博弈的需要，面子毕竟是手段，利益才是最终目的。

第三，社会的人治性增大了社会正式秩序的随机性和不可预期性，从而使秩序本身成为一种稀缺品。在这种情况下，替代秩序应运而生，其中面子就属于替代秩序中的一种。在人治的环境下，利益博弈的有效性更多取决于双方的素质。但素质

① 黄光国：《面子：中国人的权力游戏》，中国人民大学出版社 2004 年版，第 19 页。

是内在的，人们很难判定其高低，所以，人们将更多通过一个人的面子信息来判断一个人的内在。有面子，就意味着可信度的增加，从而也就意味着有进一步加强交往的可能性；反之，若没有面子，则事情的结果会相反。所以，在现实中，有些人为什么总是很看重自己的面子，因为不这样，就可能会产生很大的交易成本。所以，一方面，人们更乐意与有面子的人打交道；另一方面，人们又总是尽可能地维护好自己的面子。

第四，文化的世俗性也加重了面子约束的分量。由于缺乏内在约束，人们必然或更加注重外在约束，比如面子约束。“面子文化”对人格的影响有多个方面：其一，让人更注重形式主义。形式第一，内容第二。手段成了目的，目的成了手段。其二，让人更缺乏诚信。人前是一套，人后是一套，导致机会主义泛滥。其三，让约束更加软化。由于缺乏内在心灵的自觉，面子约束也就越来越表面化。其四，形成两极人格。一方面，内心世界处处装满沉重；另一方面，外部世界又表现出一种华丽和堂皇。小与大、虚与实、阴与阳，在一个人身上，实现了一种极端的对立和统一。

二、“面子文化”是消费主义的催生剂

第一，“面子文化”对消费总量、消费时间、消费档次意愿具有重要影响。“面子文化”对我国居民的消费总量具有显著的正向影响，面子作为一种符号资源，是中国很多消费者追求的目标，消费者通过消费多样化的名牌产品而提升自己的面子，这就在不经意间增加了自己的消费总量，进而促进了社会

消费总量的上升。在消费档次上，“面子文化”对高档产品和中档产品的消费意愿影响很明显，消费比别人高档的商品更能提升自己的面子，这就助长了消费者对中、高端商品的需求。对于低端产品的消费，“面子文化”的影响不是很显著，这是因为低端商品对消费者显示面子具有副作用。在消费时间上，“面子文化”对消费的时间偏好具有显著的正向影响，这在很大程度上是由于“面子文化”引起的攀比心理在作祟，并促使消费者在尽可能早的时间节点上购买能充分展示自己“有面儿”的商品。

第二，“面子文化”对消费类别意愿的影响。消费已经成为一种可以挽救面子、维持面子和提升面子的工具，中国人不得不遵守其所维持的社会群体默认的行为规范，选择自己所在社会群体的认同品牌，按照关系的远近及重要性出不同礼金数额等都体现了面子消费规范性的特点。如果没有按照统一规范的标准进行消费，导致其群体的面子得不到维护，自己不被群体成员认同，那么自己的面子也得不到维持，会让人感觉丢面子，而且所在群体的面子和利益比个人的面子和利益更重要。所以中国人愿意花费更多钱来获得面子。比如在消费类别上，“面子文化”对于更能体现自身面子的商品类别（如服装、居住、美容保健、交通通信、旅游、人情支出和电子产品等）的消费影响更加明显，而产品的性能和价格退居其次，消费者更加看重品牌形象与自己是否相匹配，服务质量能否提升自己的面子。购买的产品必须具有某方面的独特性，不论是产品的数量、产品的价格或者产品所代表的形象等，这样才能符合自己及所处社会群体的形象，提升面子，所以限量款的鞋子、包、车等都以更高的价格进行销售；但是销售量更高于其他批量生产的产品对于服装类商品而言，很多消费者宁可吃得差一些也要穿得体面些，通过穿名牌衣服来给自己挣得面子，以获得别人的尊重。在旅游方面，你在省内游，我出省游就感觉要比你好很多；你在国内游我出国游，我就比你感觉良好。在日常用品中，还有类似美容保健等的消费受“面子文化”的影响比较明显。但是，“面子文化”对于食品消费意愿的影响不被支持，在医疗、家电等方面的影响也很小，这既与消费本身的特殊性有关，又由于这些消费大多数是私密的消费，没有炫耀的必要。家用电器的消费受“面子文化”的影响较小，这可能是由于家用电器的功能基本相似，加之家电的普及也使其失去了进行攀比的功效。在特殊消费品上，诸如住房、汽车、奢侈品等能给足人面子的商品非常吸引爱面子的消费者的青睐。在“面子文化”的影响下，人均收入在国际上排名并不靠前的中国消费者现已成为全球奢侈品购买量排名靠前的消费群体，作为特殊消费品的住房、汽车等商品也最大限度地迎合了这种爱面子的消费行为。

第三章　消费主义的负面效应

从客观上看，消费主义对中国消费模式的影响以及消费文化的建设具有一定的积极意义。首先，消费主义文化的全球化，丰富了我国消费文化内容，也丰富了消费市场，加深了中外之间的理解与沟通，为我国民族经济走向世界提供了一定的条件。其次，消费文化的全球化也为我国优秀的文化产品走向世界提供了机会。最后，对于一个消费意识没有得到充分发展的民族来说，它肯定了人们的消费需求，对刺激消费和国内经济的增长有着一定的积极作用。如此看来，消费主义为我国消费文化的发展提供了一定的经验，有助于完善和提高我国的消费文化。但是，不可否认的是，炫耀型消费、奢侈消费、过度消费、超前消费、一次性消费等形形色色的消费形式正无孔不入地侵入我们的生活世界，腐蚀着我们的灵魂，造就了无数远离“人”的消费动物，危及了人类自然家园的存在根基，造成人际关系的冲突和对立，导致人与自身生命的疏离，令我们如临深渊、如履薄冰。毕竟中国还是一个发展中国家而不是发达国家，是一个处于工业化过程中而不是完全工业化的国家，是一个人均资源稀少而不是相对丰富的国家，是一个人均收入不足，且贫富差距较大的国家，在这样的国家里，社会保障和信用体制才刚刚建立，远不够完善，这样一个国家，人口的整体素质还相对较低，大量的奢侈消费还是停留在凡勃伦所说的19世纪的“炫耀性消费”阶段。因为有品位、有档次、有韵味的消费不仅需要丰厚的物质条件，还需要一个高素质的主体资格，而这些条件我们还远远没有达到。具有“中国特色”的消费主义，其带来的负面影响比在发达资本主义国家还要大得多。

第一节　消费主义威胁人与自然的和谐共生

现代消费主义的确为人类创造了一个经济繁荣的世界，但是其促进经济增长是通过大量生产——大量消费——大量废弃来实现的。其理论基础是将自然资源看成是取之不尽、用之不竭的，并且认为，即使会产生环境问题也是可以通过发展得到解决的。于是，正如弗洛姆指出的，在工业时代，人们企图征服自然界，通过生产力的进步，实现自己的幸福。“人用机械能和核能取代了人力和兽力，又用计算机代替了人脑，工业上的进步使我们更为坚信，生产的发展是无止境的，消费是无止境的，技术可以使我们无所不能，科学可以使我们无所不知。于是，我们都成了神，成了能够创造第二个世界的人。为了新的创造，我们只需把自然界当做建筑材料的来源。”① 消费主

① ［美］埃里希·弗洛姆：《占有还是存在》，李穆等译，世界图书出版公司2015年版，第1页。

义通过刺激人们多挣钱、多消费来促进资本的快速周转，缩短从生产到消费的周期，推动扩大再生产，而不顾及生产和消费对环境和资源带来的影响。在一场对物欲的追逐中，人们很容易忘记何为适度，昨天的奢侈品成为今天的必需品，今天的奢侈品又会成为明天的必需品。因此，消费主义从根本上来说是不利于人类可持续发展的一种生活方式和文化价值观念，甚至可以说，它是一种激励集体自杀的生活方式①。

一、消费：引发环境问题的重要因素

环境问题在很长的时间内并没有跟人们的消费方式联系起来。琳达·丝达奇在《多少算够——消费社会与地球的未来》一书的前言中指出，对于环境问题的产生，“消费是三位一体中被忽略的一位，如果我们不想走上一条趋向毁灭的发展道路的话，世界就必须面对它。这个三位一体中的另外两位——人口增长和技术变化——已经引起了注意，但是消费却始终默默无闻”②。莱易斯也认为，在生态危机面前，人们往往把关注的焦点集中在能源供应问题上，而忽视了人的需求和欲望对生态系统的影响。而实际上，人的需求对自然环境的影响已经达到如此程度，以至于我们必须把人的需求问题看成是生态系统相互作用的一个不可分割的组成部分。在环境问题的产生中，

---

① 参见卢风：《消费主义：一场被裹挟的人生追逐》，《中国教育报》，2007年12月25日第003版。

② ［美］艾伦·杜宁：《多少算够——消费社会与地球的未来》，毕聿译，吉林人民出版社1997年版，前言第5页。

一般视人口增长和生产增长为环境问题的根源，为什么消费没有得到足够的重视，消费主义的生活方式没有得到指责？因为全球五分之一最富有的人没有对“多多益善”的普遍观念产生质疑，反而将消费更多的产品当作超乎一切的目的。富有阶层对于高消费，他们有着冠冕堂皇的理由——不消费就衰退：世界上的穷人担负不起我们消费者依靠较少东西生活的后果。的确，很长时间以来，大家对消费的合理性以及所带来的环境问题缺乏一定的思考，“多消费”被当作是一件好事，被看作是人们生活水平的提高和社会进步的标志之一，“刺激消费”被认为是促进经济增长、解决就业的一大出路。而事实上，“迎合全球消费者社会的经济学对于人类地球资源遭到损害应负最大份额的责任”①。“从全球变暖到物种灭绝，我们消费者应该对地球的不幸承担巨大的责任。”② 我们今天也不得不认识到：“消费问题是环境危机问题的核心，人类对生物圈的影响正在产生着对于环境的压力并威胁着地球支持的生命的能力。从本质上说，这种影响是通过人们使用或耗费能源和原材料所产生的。”③ 马克思曾经指出古代国家灭亡的标志不是生产过剩，而是达到骇人听闻和荒诞无稽的程度的消费过度和疯狂的消费。今天对资源的掠夺性开发将快速耗尽资源，消费后

---

① ［美］艾伦·杜宁：《多少算够——消费社会与地球的未来》，毕聿译，吉林人民出版社1997年版，第28页。

② ［美］艾伦·杜宁：《多少算够——消费社会与地球的未来》，毕聿译，吉林人民出版社1997年版，第36页。

③ 参见施里达斯·拉夫尔夏：《我们的家园——地球》，夏坤堡等译，中国环境科学出版社1993年版，第13页。

排放的污染物必定具有毒害环境的危险。

世界观察研究所驻西班牙代表何塞·圣马尔塔·弗洛雷斯在西班牙《起义报》上发表的文章《消费主义成为环境恶化主要原因》指出，消费主义已取代了宗教、家庭和政治，控制着成千上万人的思想。他通过对全球奢侈消费人群进行分析，得出的结论认为，全球有17.28亿奢侈消费者，占世界人口总数的28%；发达国家有8.16亿奢侈消费者，占其人口总数的80%；发展中国家有9.12亿奢侈消费者，只占其人口总数的17%。而如果17亿奢侈消费者的消费习惯推广至全球所有人口，世界将因为资源的大量耗费、生物多样性的丧失、环境污染、森林退化和气候变化而无法持续发展。鉴于此他指出："当今世界需要新的持续发展理念，这意味着要满足所有人的基本需求，并在消费控制我们之前控制消费。为此我们需要马上采取以下措施：减少破坏环境的资金补助（全球每年花费8500亿美元刺激人们对水资源、能源、渔业、森林资源和汽车的消费）；深化财政改革，在政府采购中引进生态和社会指标；推行商品的耐用、修理和实用概念，反对过度包装；宣传品牌和公平消费。总之一切要以经济的'非物质化'战略为主导，在不耗尽人类生存之本的前提下满足消费需要。"①

生态环境问题的确已成为人类现代文明的一个"生存瓶颈"。发端于欧美国家的现代工业文明及其全球化扩展正在极力张扬人类物质创造潜能的同时，突显出它的不可持续性。当

---

①《消费主义成为环境恶化主要原因》，新浪微博，http://blog.sina.com.cn/s/print_4a3f995f010009f5.html.

然，这也许是一个新的契机，正如托马斯·柏利所指出的，这在构成对人类文明自身延续严重威胁的同时，也可能成为人类文明创新的现实起点，比如走向可持续发展。

二、消费主义加剧环境危机

艾伦·杜宁根据人们对生态的影响这一标准，把世界上的人分为三个阶层：消费者阶层 、中等收入阶层和穷人。消费者阶层是指世界上最富有的五分之一的人口，对于他们的生活消费，他描述到："我们食用肉制品和加工过的袋装食品，并且饮用装在由不可分解材料制成的容器中的软饮料或其他饮用品。我们大量的时间待在装有空调的建筑中，这些建筑中配备着冰箱、洗衣机和烘干机，充足的热水、洗碗机、微波炉和许许多多的电能驱动设备，我们乘私人汽车和飞机旅行，并且大量的暂时性的、一次性的物品包围着我们。"① 总之，"经过短短的几代人，我们已经变成了轿车的驾驶者、电视观看者、商业街的购物者和一次性用品的消费者。这个巨大转变的悲剧性嘲弄在于消费者社会的历史性兴起对于损害环境有着重大的影响，却并没有给人民带来一种满意的生活。"② 杜宁描述的是发达国家20世纪60年代左右的生活状况，随着我们物质生活水平的提高，现在看来，这也是对我们生活的一种写照。而这

① ［美］艾伦·杜宁：《多少算够——消费社会与地球的未来》，毕聿译，吉林人民出版社1997年版，第10页。

② ［美］艾伦·杜宁：《多少算够——消费社会与地球的未来》，毕聿译，吉林人民出版社1997年版，第17页。

种生活方式将造成资源的极大浪费和环境的严重污染，加剧环境危机。

第一，大量的暂时性和一次性的商品的消费造成资源的极大浪费和环境的严重污染。一次性消费品正呈“新潮逐浪高”之势，消费者对其也情有独钟，我们越来越习惯于过上一种“舒适”的生活，“用过即扔”被认为是时髦和潇洒。不仅一次性的杯子、饭盒司空见惯，甚至一次性的衣物、相机、手机也不断推陈出新。可是，从环保的角度看，在一次性用品带来的方便快捷的背后，是大量资源的浪费与垃圾的堆积，这些都对生态环境带来无穷的后患。据估计，我国每年生产一次性木筷所耗费的木材就高达500万立方米。全国林木年采伐量中，其中被制成筷子的占10%。目前我国垃圾堆放量已接近65亿吨，人均年产废旧物资达400公斤，其中很大一部分是一次性制品造成的。仅北京市每年扔掉的塑料袋约23亿个，达1.87万吨，扔掉一次性塑料餐具2.2亿个，达1320吨。据国家邮政局发布的《2017中国快递领域绿色包装发展现状及趋势报告》显示，2016年全国快递业务量达312.8亿件，共消耗约32亿条编织袋、68亿个塑料袋、37亿个包装箱以及3.3亿卷胶带．光是一年消耗的快递包装盒所需的瓦楞纸箱原纸就多达4600万吨，相当于消耗了7200万棵树。① 食物的浪费不仅仅意味着浪费食物本身，更意味着资源的无效消耗以及由此导致

① 中国生物多样性保护与绿色发展基金会：《快递包裹的“过度包装”，消费者并不喜欢》，2018年5月13日，http：/ /www. cbcgdf. org /NewsShow /4854 / 5180. Html.

的环境污染和温室气体的大量排放，我们正创造着一种“垃圾箱文明”，以至于有人说：“告诉我你扔的是什么，我就会告诉你你是谁!”不仅如此，“用过即扔”这种行为还得到了经济学的支持：“我们的经济学是这样的，我们‘负担不起’对东西的照料——劳动力是昂贵的，时间是昂贵的，但是物质——创造所用的原料——却是这样的便宜——以至于我们负担不起照料他们的费用。”① 于是“用过即扔”这种生活方式不断地削弱耐用品的基础，今天我们能看到即使是耐用消费品其实也并不耐用。很多家用电器比前代产品价格便宜得多，使用寿命却大大缩短，其原因是制造者把它们设计成只持续一段时间就被更新而不是用来被修理的东西，产品在出厂的时候就已经被限定了其最长使用寿命。从某种程度上说，规模生产花费的工人的劳动时间甚至比修理的还少。这种经济学其实反映了制造物的废弃（其实就是资源的浪费）是非常便宜的以至于无人关心，对环境的损耗也就是带来的“外部效应”可以置于成本之外。在我们国家，存在着企业为了追求短期的高效率和高利润而无视对资源环境的影响的情况。一方面，是因为我们的社会主义市场经济体制还不够健全，缺乏相应的生产规范的条例，这种情况正逐步在改善；另一方面，我们的生活方式也在一定程度上鼓励和刺激着这种“涸泽而渔”的做法，我们渴望“舒适”，向往时尚，哪怕物品的使用价值还在，但已经不能满足我们追求时尚的要求，为了不“落伍”，我们只

① ［美］艾伦·杜宁：《多少算够——消费社会与地球的未来》，毕聿译，吉林人民出版社 1997 年版，第 62 页。

能“扔掉”再购买“最新”产品。这正如弗洛姆对消费社会中的美国人的评价一样：“过去，每个人都十分爱惜、爱护自己所拥有的每一件物品，用到不能用为止。购买物品实际上是为了‘保存物品’，19 世纪的一句口号是：‘老的东西好！’今天，人们强调的是消费，而不是保存，购买物品的同时又不断地‘扔掉物品’。无论人们买的是一辆汽车、一件衣服，还是一个小玩意儿，在使用了若干时间以后，主人就会讨厌它并想抛掉‘旧的’，购买最时髦的东西。获得→短暂的占有和使用→扔掉（如果可以并且合算的话，并换成一样更好的时髦货）→再获得，构成了消费者购买商品的恶性循环，所以今天的口号可以说是：‘新的东西好！’”①

第二，为了追求商品的外观美感和符号象征价值，过度的产品包装造成大量的资源浪费。今天，从出售的食品、服装到大件的家用电器，商品的包装越来越讲究，甚至到了反客为主的地步：做一元钱的点心用一百元钱的包装，只能持续一个星期的西红柿和绿胡椒被装进能够持续一个世纪的泡沫和塑料托盘中出售，等等。事实上，包装的价值是转瞬即逝的，许多包装是纯粹的装饰，包装得再好，消费后便成了废弃物。而其中，生产者和经营者所得利益要远远大于消费者。对此，有人评价说：“包装就是敲诈。”但是为了追求“更美”和某种“符号”象征意义，消费者也似乎心甘情愿，这些包装不仅浪费了资源，而且由于包装所用的多为难以降解的材料，如包装

---

① ［美］埃里希·弗洛姆：《占有还是存在》，李穆等译，世界图书出版公司 2015 年版，第 59－60 页。

里的海绵、塑料泡沫等就难以降解，给垃圾处理带来难题，增加了环境负担。即使对于可以回收利用的包装物，我国对其回收再利用重视也不够。据相关统计，目前我国城市生活垃圾里有超过1/3是包装性垃圾，包装废弃物体积占固体废弃物的50%，而回收再利用率很低，同样消耗了大量的资源，并且加重了环境污染。

三、消费主义加重中国的环境负担

从我国环境资源的情况看，消费主义本就是不可承受之重。著名经济学家吴敬琏在《中国增长模式的抉择》一书中总结出了中国的国情“人力资源丰富、自然资源紧缺、资本资源紧俏、生态环境脆弱”。虽然从自然资源的总体水平看，与世界各国相比较，我国资源总量多，但人均占有量少。“中国以占世界7%的耕地养活了占世界22%的人口”正是渲染这一发展困境而使用频率最高的话语。我国人多地少的国情和现代化建设的进程决定了土地供需矛盾还将持续相当长的时间，实现高质量发展，必须坚持最严格的节约用地制度，全面提升用地效率，更要减少因为消费主义而带来的巨大消耗。根据第三次全国国土调查主要数据显示，截至2019年12月31日，过去的十年里，全国耕地地类减少了1.13亿亩，当然，全国共有8700多万亩可恢复为耕地的农用地，还有1.66亿亩可以通过工程措施恢复为耕地的农用地。但是，要守住18亿亩耕地红线绝不能掉以轻心。全国有2.29亿亩耕地流向林地、草地、湿地、河流水面、湖泊水面等生态功能较强的地类，而又有2.17亿亩上述地类流向耕地，反映出生态建设格局在局部地区不够稳定，一些地方还暴露出生态建设的盲目性、生态布局不合理等问题。城镇建设用地总规模达到1.55亿亩，节约集约程度不够问题依然突出，全国村庄用地规模达3.29亿亩，总量较大，布局不尽合理。① 从生态环境状况看，种种原因使得中国的环境承载力在有的地区、有的方面已达到了极限甚至超过了极限。突出表现在：水土流失面积有增无减、沙化面积扩展、内河污染与断流日趋严重、酸雨污染越来越严重、海洋环境尤其是沿岸海域富营养化加重，等等。近几年来，我国频繁发生洪害、沙尘暴、酸雨、赤潮等。可见中国的生态状况不容乐观，我们与世界发达国家的生态水平有着很大的距离。

更重要的是，中国作为后发展国家，不仅要承受自身发展带来的环境问题，而且要消化发达国家转嫁过来的环境危机，因而任务更加艰巨。“环境质量是同物质上的穷或富联系在一起的，而西方资本主义越来越通过对第三世界财富的掠夺来维持和‘改善’自身，使自己成为令世人仰慕的样板。”② 在消费主义全球化背景下，我国已成为煤炭、钢铁、石油、电力消费大国，“电荒”“煤荒”“油荒”接踵而至。发达资本主义国家在发展的过程中，为了追求利益最大化，毫不顾及生态环境，当他们自身制造的生态环境危机无法化解的时候，就将它

① 《第三次全国国土调查主要数据公报》，中国经济网，http://www.ce.cn/cysc/newmain/yc/jsxw/202108/26/t20210826_36850040.shtml.

② 转引陈学明：《论生态社会主义者对当代资本主义的新反思》，《毛泽东邓小平理论研究》，2006年第1期。

转嫁给发展中国家，在地球上广大的待发展地区投下了生态阴影。作为发展中国家，我国在发展过程中承接了发达国家转移的制造业，特别是污染性产业，从而在全球分工体系中分摊了大部分污染性产业，这在某种程度上等于“出卖”我们的生态精华。发达国家“通过随心所欲地操纵一个国家反对另外一个国家，制造工业已经把他们的生产线分散到许多国家去寻找低廉的劳动力、便宜的资源和宽松的法规”①。目前我国一些省份成为跨国污染行业转移最多的省份，这些污染主要集中在化学、能源、橡胶塑料、制药、制革、纺织印染、造纸、建材等行业。跨国污染正打着高尚消费的旗帜，明目张胆、大张旗鼓地在我国环境标准相对较低的背景下“合法”地登陆。不可否认的是，环境污染的问题是制约我国经济持续发展的一个瓶颈。因此，在发展的道路上，中国经济的发展，按照比较优势原理，应当尽量以发展低耗能、低资本和低资源投入，又能发挥人力资源丰富和中国人心灵手巧的优势的产业为主要方向，也就是走节约资源和保护环境的新型工业化道路。那么，从另一个角度来说，合理的消费方式，走可持续消费之路也是新型工业化道路的题中应有之义。而就我国现在所处的发展阶段来说，按照农业社会向现代工业社会转型的一般文化背景来说，它是个以生产为中心的时代。戴维·里斯曼曾对以生产为中心时代的美国人做过人格描绘。他说，这种类型的人格注重于生产，注重于技术和知识，也注重于经验与协作，有开拓精

---

① ［美］艾伦·杜宁：《多少算够——消费社会与地球的未来》，毕聿译，吉林人民出版社 1997 年版，第 33 页。

神，严格、有毅力。这种性格的人对于工作有热情，对政治问题也认真对待，属于道德派，却是个人主义者。① 中国目前的生产力水准处在工业化、经济社会化、市场化、现代化的实现阶段，现代性的认同，应着力去发展这种类似于里斯曼所说的“以生产为中心时代”所具有的开拓精神，重视知识和技术，同时又具有道德感的人格。而不是以消费为中心的时代，不是像西方在完成了工业化之后走向的“以消费为中心的社会”中产生的一种消费主义人格。

第二节　消费主义阻碍社会主义共享发展

消费主义不仅威胁人与自然的和谐共生，威胁可持续发展，同时对社会主义共享发展也是一大威胁。由于贫富差距存在，人们支付能力的差异导致消费不公，引发社会冲突；“消费至上”的价值观念，使人与人之间的关系成了商品交换的关系，导致人情淡漠；过分注重个人当下的消费，以个人为中心，将导致对社会公共事务的漠视，这些都是实现社会主义共享发展的巨大障碍。

一、消费不公引发社会冲突

对于贫富差距和消费差异，杜宁这样描述：“全世界有

① 参见沙莲香：《社会心理学》，中国人民大学出版社 1987 年版，第 331 页。

202 个亿万富翁和 300 多万个百万富翁。但这个世界上也有 1 亿生活在马路边、垃圾场和大桥下面的无家可归的人。价格昂贵的奢侈品在世界范围内出售——高级时装、新潮汽车和其他显示富有的物品——超过了世界上 2/3 国家的国民生产总值。”① 这是全球范围总的状况，我们国家的情形又是怎样呢？

根据胡润百富《2020 胡润财富报告》显示，中国 600 万资产“富裕家庭”数量首次突破 500 万户，比上年增加 1.4%；千万资产“高净值家庭”比上年增加 2%，至 202 万户；亿元资产“超高净值家庭”比上年增加 2.4%，至 13 万户。600 万资产“富裕家庭”总财富达 146 万亿元，是 GDP 的 1.5 倍。这一年度的财富基尼系数为 0.704。据 2020 年福布斯中国富豪榜显示：资产在 1000 亿元以上的有 29 人，资产在 1000 亿元以下、500 亿元以上的有 37 人。② 而关于消费状况，中国国情研究会的报告显示：一个中国里，已经有三个消费世界，奢侈繁华与俭约清贫共舞。消费中的“第一世界”已经是一个追求自我享受的“需求”世界；另一端的“第三世界”则是一个“清贫型”的消费世界，他们面临的最大问题是“想买但没有钱”；而那些“奋斗的小白领”所处的“第二世界”，虽已超越衣食之忧，但满足却是很大的问题。也就是说，在消费领域，“现今的中国社会呈现出一幅后现代、现代

① ［美］艾伦·杜宁：《多少算够——消费社会与地球的未来》，毕聿译，吉林人民出版社 1997 年版，第 6 页。

② 胡润百富：《2020 胡润财富报告》，https://mbd.baidu.com/ma/s/l3rKfbd4.

与农业时代风貌并存的图景。在全国各大城市，随处可见广告和商品的泛滥以及各大高级酒店灯红酒绿的生活情景；同样，在全国的大部分城市中，现代文明的画面随处可见：灰色调的环境，轰鸣的机器、大量的废气废水废物以及日渐扩大的下岗失业人员，而在广袤的农村，却是一幅典型的农业文明的情景：处于社会边缘的农民群体日出而作，日落而息，在日渐缩小的土地上收获着微薄的收入”①。当前，我国已经进入了全面小康社会，包括农村在内的人民群众的生活水平普遍提高，经济基础更加稳固。其中一个优越、富裕、有足够消费能力的社会群体正在形成，他们是中国消费的主体，也是消费潮流的创造者和引导者，是有能力践行消费主义的，并且其中一部分已经成为响当当的“消费明星”。胡润研究院发布的《2020 胡润至尚优品——中国千万富豪品牌倾向报告》中调研的 483 位中国高净值人士，平均家庭总资产 4600 万元，其中亿元资产以上超高净值人士 51 人。报告中胡润表示：“相对其他年龄层的高净值人群，30 岁以下人群对于物质财富与爱情的渴望度更高，他们在奢侈品方面的花费更大，平均一年日用奢侈品花费 30 多万。”报告中显示，电子产品、手表和酒成为中国高净值人群最受青睐的男士礼物，化妆品、珠宝和配饰是最受青睐的女士礼物。② 中国富豪们对品牌的疯狂追求，为那些市场嗅

① 郑红娥：《社会转型与消费革命——中国城市消费观念的变迁》，北京大学出版社 2006 年版，第 9 页。

② 《2020 胡润至尚优品——中国千万富豪品牌倾向报告》，https://www.maigoo.com/news/540877.html

觉极其灵敏的奢侈品供应商们提供了更多的商机。而“消费明星”的奢侈却绝非真正意义上的“慷慨”。亚里士多德说：“慷慨是在财富的给予和接受上的中道。不论细小的事情还是巨大，一个慷慨的人都应给予或花费在应该的地方，以应该的数量，并以此为乐。”① 很难看出，他们的“大手笔”是合理的，是“花费在应该的地方”的，对于他个人来说，除了因一时的“豪爽”带来的瞬间的刺激，似乎也谈不上什么快乐。并且，他们这种“豪爽”，将对社会产生消极的示范作用，带来更多的负面影响。

尽管我国已经全面建成小康社会，人民群众生活水平得到大幅度提高，但是，由于发展不平衡不充分依然是我们当前的主要矛盾。在消费方面差距依然存在。一方面，一些富裕者成为“过度消费者”，其“非基本消费”极度膨胀；另一方面，部分收入较低的群体兢兢业业所得仅能维持其基本生活需要。有无砟轨道上风驰电掣的高铁相继亮相，也有绿皮火车上演着人满为患的“吵闹”剧情；能看到周道如砥的油柏路承载着络绎不绝的豪华轿车，也能听到农村千沟万壑的羊肠小道上农用车连绵不断的呻吟声；光鲜亮丽的衣着与衣衫褴褛的遮挡，佳肴美馔的大餐与布衣蔬食的简食，车水马龙的城市与穷街陋巷的山村等的强烈反差暴露出消费的巨大差距。由于经济支付能力的差异导致对资源的占有不平等以及消费水平的差距已经是不争的客观事实。在有限资源的分配中，无论对一个国家还

① ［古希腊］亚里士多德：《尼可马科伦理学》，中国社会科学出版社 1999 年版，第 73 – 74 页。

是对整个世界来说，当某些人或组织在某个时候占有更多的自然资源和社会资源，并用更加有利的生产方式积聚和消费财富时，实际上就意味着剥夺了其他社会成员以及子孙后代赖以生存的消费资料。生态社会主义者的主要代表人物之一的戴维·佩珀认为人类今天所面临的诸多自然生态困厄，是由于人类的社会生态的不合理——不平等引起的，他认为，生态的难题不平等地影响每一个人。富人比穷人更容易免除这些影响，而且更能够在面临危险时采取减缓策略以确保他们自己的生存。确实如此，有人认为中国现在的情形就是“富人消费，穷人受累”。此外，支付能力的巨大差距对社会经济的长远发展也是不利的。马克思曾指出：“商品的出售，商品资本的实现，从而剩余价值的实现，不是受一般社会的消费需求的限制，而是受大多数人总是处于贫困状态、而且必然总是处于贫困状态的那种社会的消费需求的限制。”① 凯恩斯的“有效需求原理”也指出了，在有效需求不足的情况下就会引发经济危机。从我国目前状况来看，因社会财富的占有极为不均导致消费能力差异巨大，同样会影响市场的“有效需求”，最终不利于经济发展。

我们还知道，富有和贫穷总是相对的。波德里亚曾指出，增长是平等的还是不平等的，是一个假问题，“实际上，‘丰盛的社会’与‘匮乏的社会’并不存在，也从来没有出现过。因为不管哪种社会，不管它生产的财富与可支配的财富总量是

① 《马克思恩格斯全集》第45卷，人民出版社2003年版，第352页。

多少，都既确立在结构性过剩也确立在结构性匮乏的基础上”①。从某种意义上说，贫困并不在于财富的量少，也不在于简单地理解为目的与手段的关系，归根结底它是一种人与人之间的关系。“正如世界上最富有的1/5人口——消费者阶层——使得其余的穷人显得贫穷一样，消费者阶层中最富的1/5人口——使较低阶层的消费者也觉得似乎被剥夺了。”② 专家认为，在英国，一向有嫉妒富人的传统，所以与富人为邻会产生“不如邻居”的负面效应。也就是说，我们的幸福与我们邻居的富裕程度成反比，如果我们被富有的邻居包围着，我们就会感觉不幸福。而对于有着“大同社会”理想并能在自给自足的小农经济下生活着的知足常乐的中国人来说，“不患贫而患不均”的传统观念更是警示着我们：对社会资源占有不公平，人们生活水平的巨大差异将是社会稳定和共享发展的一个巨大的威胁。富裕群体的高消费或是“炫耀性消费”对其他群体的心理也会产生影响，使其心理失衡。对于青少年群体来说，富有者的一掷千金对他们具有巨大的诱惑力；对于中老年群体来说，贫富差距的扩大，消费反差的刺激使肩负重任的他们倍感紧张和压力，等等。富有者的炫耀性消费必然使社会弱势群体出现强烈的失落感，甚至转而产生对社会现实的不满和仇视，导致社会冲突的出现。富人阶层试图通过消费

① ［法］让·波德里亚：《消费社会》，刘成富、全志钢译，南京大学出版社2000年版，第28页。

② ［美］艾伦·杜宁：《多少算够——消费社会与地球的未来》，毕聿译，吉林人民出版社1997年版，第11页。

"示异"来展示自己与众不同的非凡身份和社会地位，而穷人阶层则期待通过消费"示同"向富人阶层靠拢，以获取自我认同感与成就感。[①] 结果，穷人因为拥有的太少而焦虑，同样，富人也因为占有太多而失去社会安全感。西方哲学家泰勒斯在2600多年前就说过："如果在一个国家既没有过度的富有也没有过分的贫穷，那么公正可以说是成功的了。"[②] 可我们目前的贫富差距还隐含着许多不稳定因素，离泰勒斯所说的"公正"绝不只是一步之遥，与邓小平"消灭剥削，消除两极分化，最终达到共同富裕"的社会主义理想还有相当大的距离。

二、消费至上致使人情淡漠

前文提到过，社会主义市场经济处于"物的依赖性"阶段，人与人之间的关系通过"物"联系在一起，人际关系"物化"了。"物化"的社会关系就是以商品交换的形式表现出来的普遍的劳动关系，它在表象上表现为社会关系的物品化、客体化，人们之间内在的劳动关系颠倒地表现为劳动产品即商品之间的交换关系；个人对社会劳动的依赖性表现为人们对劳动产品的共同代表即货币的依赖性，其实质在于交换者对商品（货币）的依赖，这说明"物的依赖性"是促使人们将

① 陈伟宏：《对消费主义文化思潮的伦理反思》，《中州学刊》，2021年第5期。

② ［美］艾伦·杜宁：《多少算够——消费社会与地球的未来》，毕聿译，吉林人民出版社1997年版，第108页。

情感投向物和消费品，以及加剧人际关系物化的原因。同时，在消费主义看来，一切物品都打上了商品的烙印。不仅是一般的物品，而且包括人的身体、心理、观念、情感甚至弗洛伊德所谓的自然性欲都进入了消费领域，成了消费品。在消费主义看来，凡是不能成为消费对象的东西，都失去了其存在的价值，不仅如此，“还把这一倾向提升为现代生活的基本方式，把它提升为‘主义’——当作一种价值来追求，并且愿意为获取这一价值而放弃其他价值”①。于是我们发现，当购物的激情取代了交往的激情，消费的技能取代了沟通的技能，一切关系都变成了交换关系，对消费品的热情就进一步激发了社会的功利性，削弱了人际情感，加剧了人际关系的物化，致使人情淡漠。

同时，消费必须具备经济支付能力，消费至上就导致金钱（货币）至上。于是，一切用金钱来衡量也成了消费主义必然的价值取向。也就是说，在货币中表现出异化的物对人的全面的统治，货币的神力就包含在人的异化的类本质中，在货币的异化中没有“人的关系”，有的只是人的关系的黑白颠倒。西美尔认为，由于越来越多的东西可以用金钱来支付，可以用金钱来获得，人们常常忽视经济活动的对象还有不能用金钱来体现的方面。人们相信，对象确切的、完整的等价物就在货币价值的形式中，货币经济始终要求人们依据货币价值对这些对象进行估价，最终让货币价值作为唯一有效的价值出现，人们越

① 汪丁丁：《让教育安顿我们消费主义化的心灵》，《企业导报》，2004 年第 8 期。

来越迅速地同事物中那些经济上无法表达的特别意义擦肩而过。并且这正是我们这个时代令人疑虑的特征、不安与不满的深刻根源。“生活的核心和意义总是一再从我们手边滑落；我们越来越少获得确定无疑的满足，所有的操劳最终毫无价值可言。我并不想断言：我们的时代已经完全陷入这样一种精神状态。但是我们的时代正在接近这种状态，而与此相关的现象是：一种纯粹数量的价值，对纯粹计算多少的兴趣正在压倒品质的价值，尽管最终只有后者才能满足我们的需要。”① 西美尔对人们将货币的价值看得高于一切，对货币的不断的追求和人心的不满导致人的不安和焦虑，以至于人生意义和价值缺失的批判可谓一针见血。一旦商业全面操控我们的生活，人伦世事被商业全面介入，或以商机考虑，人生的核心意义和价值必然遭到破坏，当千差万别的因素都一样能兑换成金钱，事物最特有的价值就会受到损害，因此，我们往往称这些十分特别和不同凡响的东西为“无价”的。而在消费主义看来，这种“无价”恰恰就等于没有任何价值，不值得珍惜和重视，因为不能还原为交换价值就毫无意义。于是，在消费主义的字典里，人与人之间的感情是商品化的，人们可以用商品或是金钱获得“感情”，也可以通过提供消费品（物）使本来就存在的情感得以稳固和加强。

一方面，人们之间的关系越来越商品化。随着经济交往在人际关系中所占比重日益增大，把钱、财置于感情之上，根据

---

① ［德］西美尔：《金钱，性别和生活风格》，刘小枫编，顾仁明译，学林出版社 2000 年版，第 8 页。

别人赠送钱物的多少确定关系的深浅的做法并不新鲜，人们的功利主义意识不断增强，有人干脆说“朋友是用来利用的”。为了追求更多的物质利益和经济收入，多数人已经很难有多余的时间和精力从容自在地与他人进行沟通和交流，物质需要占据了人的其他的需要。于是，单纯的人与人之间的理解性交往日益减少，交往的物质附加成分却越来越多，奢侈的“物化”的交往取代了建立在传统文化之上的人们之间真诚、友好、淳朴、无私、透明的交往关系，离开了“物”的支撑，人们找不到别的方式维护脆弱的社会关系，“物”成了人们进行交往的不可或缺的中介和纽带，物的联系变成人与人之间的必然联系，物的内容变成人际关系的主要内容，人们难以摆脱物化的束缚从而建立起真正富有意义的全面社会联系。说得严重点，人与人之间“除了赤裸裸的利害关系，除了冷酷无情的‘现金交易’，就再也没有任何别的联系了。它把宗教虔诚、骑士热忱、小市民伤感这些情感的神圣发作，淹没在利己主义打算的冰水之中。它把人的尊严变成了交换价值”①。

另一方面，人们还认为本来就存在的感情可以通过提供商品（物）得以稳固和加强。对于上有父母、下有小孩的中青年一代来说，有些是生活所迫，有些是工作太忙，“常回家看看”已经成了一件十分奢侈的事情，钱越挣越多，属于自己的时间越来越少，与父母的情感交流越来越少。很多人也认为对父母的孝顺就是给父母金钱，所谓让他们自己去享受生活。

---

① 《马克思恩格斯选集》第1卷，人民出版社2012年版，第403页。

事实上，这种做法根本就没能真正了解父母的需要，《常回家看看》那首歌就唱出了父母的心声和需要："老人不图儿女为家作多大贡献呀，一辈子总操心就图个团团圆圆。"而这一代对于他们的子女也是如此。"事实上，美国年轻人认为做个好父母等同于提供许多物品。对他们来说，养育家庭仍然是一个重要的生活目标，但是与他们的孩子共度时光却不再是一个重要的生活目标。"① 当今的中国何尝不是这样，无论在城市还是在农村，为了给孩子提供更优越的物质条件，让孩子可以更好地享受消费社会所带来的商品，片面地理解"不让小孩输在起跑线上"，而不停地忙碌和工作，牺牲与孩子相处或是交流的时间已经是司空见惯。"可怜天下父母心！"可正是因为繁忙的工作使得他们很难有时间和机会跟孩子在一起去了解孩子真正需要的是什么，身为父母的他们的"无私奉献"却恰恰导致了若干家庭及社会问题。心理学的研究发现，人类的人格在早年就已大体定型，而心理上一些最难以解决的纠结冲突，几乎都源自童年时期与父母的关系。人与父母的关系决定了他与这个世界的基本关系，而人与父母相处的模式，亦通常决定了他与这个世界相处的基本模式。如果孩童无法从父母那里得到足够的关爱，终其一生都难免有一种不安和害怕之感，总觉得生命与心灵难以安顿。这种不安将以各种方式呈现，成为干扰其人生的基本力量。并且，在父母金钱的支持下，许多孩子在还没有足够的判断力去选择他们需要的生活方式的时候

① ［美］艾伦·杜宁：《多少算够——消费社会与地球的未来》，毕聿译，吉林人民出版社 1997 年版，第 23 页。

就成了消费主义的受害者，他们在不断地购物消费中被动地寻求自我和感受“父母的爱”。在这种环境中成长起来或是正在成长起来的一代，他们将会怎样对待他们的父母和儿女，这一点令人担忧。我们还发现，当“田园牧歌式”的家庭的温馨慢慢淡化的时候，许多饭店、旅馆等服务部门纷纷祭起“家庭式”关爱的招牌，滑稽地模仿“在家”的感受，在你购买的消费领域和时间内，家庭的温馨也成为消费的对象，人们给你久违的家庭般的关心——尽管是在装模作样，其背后追求利润的用心却不言而喻，但越来越多的人却自愿去“享受”，尽管他们明白那不过是自欺欺人。当然，正如“缺什么才需要什么”，透过这种景象，我们应该看到，今天人们之间美好的真情的缺失以及人们内心对真情的渴望，是商品化、程式化和表面化情感无法提供的。

三、社会公共事务遭漠视

尽管从某种意义上来说，消费只是个人的私事，而消费主义致使人们过分注重自我当下的生活，只关心自己的消费和私人利益，一味地强调个人欲望的满足，以自我和个人为中心，而不顾及生态环境的破坏和资源能源的有限，不顾他人的基本消费权利的满足，这就助长了自私自利的社会风气，削弱了对社会公共事务和对他人的关心。为了消费，许多人忙于工作，忙于赚钱，忙于购买那些标榜自己身份的物品，把物质利益置于一切利益之上，过度重视和追求自己的物质利益。随着消费变成更为私人化的活动，集体情感必然遭到破坏，集体主义精神也会慢慢被淡忘，从而引发个人与公共领域或社会整合之间深刻的矛盾，这对于实现共同富裕取得实质性进展，实现社会主义共享发展的目标无疑是一大障碍。

陶东风以知识分子的生活方式为例，认为以自我为中心的消费主义的盛行将导致人们对社会公共事务的漠视。他指出："我的感觉是，90年代的知识分子，不是从广场回到书斋，而是从广场回到身体，大家都很关注自己的身体，身体成了消费的主体也成了消费的对象。我觉得这样一种对身体的极度的甚至变态的迷恋，不是一个孤立现象。今天的公共空间充斥着以身体为核心的各种图像与文字，美容院与健身房如雨后春笋般涌现，人们在乐此不疲地呵护、打造、形塑自己的身体，开始充分享受身体欲望放纵的乐趣。"① 波德里亚曾指出资本主义进入消费社会，身体成了一个消费的神话，"在经历了一千年的清教传统之后，对它作为身体和性解放符号的'重新发现'……人们给它套上的卫生保健学、营养学、医疗学的光环，时时萦绕心头的对青春、美貌、阳刚/阴柔之气的追求，以及附带的护理、饮食制度、健身实践和包裹着它的快感神话——今天的一切都证明身体变成了救赎物品，在这一心理和意识形态功能中它彻底取代了灵魂"②。这种情形在正处于社会主义初级阶段的中国人民身上也可找到原型。这样的结果可能

① 陶东风：《大众消费文化研究的三种范式及其西方资源》，《文艺争鸣》，2004年第5期。

② ［法］让·波德里亚：《消费社会》，刘成富、全志钢译，南京大学出版社2000年版，第139页。

导致一个糟糕的状况："实际上我们目前生活在一个基本政治权利仍然有待争取的社会环境里，而大家却都把眼睛盯着自己的身体、生活方式，这很有点滑稽与悲哀。"①

在我国全面建成小康社会之后，我们要进一步实现共享发展，促进共同富裕取得实质性进展，还有很多社会公共事务值得也需要大家去关心、去投入。比如乡村振兴、环境的重建、教育、儿童关爱、社会保障和医疗健康，等等。但是当利润成为商人追求的核心目标，必然导致可赚钱无意义的事情有人做，不赚钱有意义的事情无人管；当富人将大量的钱用于个人挥霍或是炫耀性的消费，而不以社会为己任，无心于社会公益事业的时候，或是当个人的消费压倒了一切的时候，这些公共福利的工作往往被忽视。事实上，一些公共事业或许带来不了多少经济效益，但却是社会发展必须得重视和迫切需要解决的。而这些迫切需要得到解决的公共事业必须要求实现一种简单的、以满足需要为目的的生产和发展模式。总之，目前有太多有意义的工作等待人们去做，社会公共事务需要每个人的积极关心和努力参与，并且如果更多的人投身于社会福利和公共事务，人们的就业率就会提高，而消费主义的价值观念却使人们把视野专注于个人的私欲，无心关注社会公共事务。社会公共事务遭漠视必然影响整个社会的共享发展。

① 陶东风：《大众消费文化研究的三种范式及其西方资源》，《文艺争鸣》，2004 年第 5 期。

第三节　消费主义危及人的自身发展

前文已经从人与自然、人与人的角度阐述了消费主义对当代中国的危害。而更为严重的是，从人自身的角度看，消费主义作为文化价值观念以及人自身的生活方式，最终会引起人的消费的错位，精神需要和物质需求的失衡，导致人的异化，危害人自身的全面自由发展。

一、基本需要与奢侈需求的错位

消费主义的全球化，它往往并不表现为与个人或一国的经济条件相联系，恰恰相反，它经常脱离个人或社会的经济状况，无论其是否具备践行消费主义的能力，消费主义还是长驱直入，其必然结果就是引起当地人们的消费错位。西方学者的论述和中国的危机印证了在全球化背景下，无论是在发达国家还是在发展中国家，消费主义文化对人的消费控制逐渐形成。[①] 贝尔克在《第三世界的消费文化》中说明了在消费主义影响下，第三世界国家的人们发生了基本需要与奢侈需求的消费错位。“与欧洲和北美等国家不一样的是，在他们的基本的衣食住行没有得到很好的保证之前，第三世界国家的人们被吸引而沉溺于奢侈消费。这是一种早熟的消费文化。这种消费文

---

① 程太霞、熊坤新、王洁：《民族志：消费主义文化与当今人类问题》，《贵州民族研究》，2020 年第 3 期。

化早熟的最为生动的例子就是在第三世界国家的人们为仿效西方国家宁愿牺牲最基本的营养去追求表面的奢侈消费。”① 因此，在他看来，在对消费文化的研究上，那种认为人们首先会满足生活必需品的需要，继而才会有不断增长的对奢侈品的追求的直线式的描述是受到了富裕国家消费模式进展路径的影响，而第三世界国家的情况则不同。富裕国家消费文化进展的历史掩饰了贫穷国家的人们可能没有满足其基本需要而追求奢侈品需要的消费错位状况。“根据消费文化的定义，似乎只有在那些大多数人的基本生活水平得到满足的情况下才会出现消费主义，第三世界国家是不会存在消费文化的。但是这种对消费文化的定义即消费文化的出现要在基本的生活需要得到满足之后，这种定义是建立在一种成问题的假设上：所有的消费文化的发展都遵循美国或是西欧的模式之上的。”② 而一种真正适用于全球的消费文化的定义应该是：“大多数的消费者热切地希望得到某些产品或是服务，这并不是为了使用价值，而是为了显示社会地位，获得刺激或是寻求一种新鲜感。”③ 也就是说，人们可能在没有满足其基本需要的情况下追求奢侈需求，发达国家消费主义文化对第三世界国家的影响就会导致这种后果。斯克莱尔指出：“全球资本主义体系在第三世界有一

---

① Russell W. Belk, Third World Consumer Culture, Greenwich: JAI Press, 1988, P103.

② Russell W. Belk, Third World Consumer Culture, Greenwich: JAI Press, 1988, P105.

③ Russell W. Belk, Third World Consumer Culture , Greenwich: JAI Press, 1988, P105.

个特别的任务，就是向人们推销消费主义，而不让他们去考虑自己的生产能力，并且仅仅是间接地考虑自己的支付能力。在这种意义上，消费主义和满足人们的生理需要没有任何关系，因为，生理需要是不需别人的提醒的；消费主义所造成的，只能被称为‘诱导出的需求冲动’。”①

作为第三世界国家代表的中国，当消费主义来袭时，我们不难发现贝尔克和斯克莱尔所说的消费错位的情况。“不管你的经济基础是什么样的，不管你是否还处在一种发展状态，而随着电视、广告以及他们那带来的信息，随着体育和演出等，开始蔓延，因此出现了一个在广大的第三世界国家都遇到的矛盾现象，人还在地上，心已经跑到月亮上去了。”② 根据人均GDP的测算，中国是世界上最贫穷的国家之一，但是它的耐用消费品的拥有率可以与人均收入是其三倍的国家相媲美。对于人们为什么会在某些情况下压制自己的基本需要而追求奢侈需求，汤林森是这样解释的：“抽根美国香烟，吞云吐雾一番，对于某些人来说，说不定比‘小心翼翼’地选择花费有限的资源在‘健康食品’上来得具有吸引力，因为后一项消费只是基本存活的延伸，但前一项消费却带来了立即的酬报，而且挺有社会瞩目的效果哩。”③ 在他看来，消费并不是外在的因素对个体的引导而导致的一种“虚假需求”，而是个体自

① L. Sklair, Sociology of the Global System, Harvester Wheatsheaf, 1991, P149.

② 黄平：《生活方式与消费文化》，《天涯》，2003 年 第 6 期。

③ ［英］汤林森：《文化帝国主义》，冯建三译，上海人民出版社 1999 年版，第 225 页。

我选择的结果，但是他恰恰忘记了，选择在任何时候都意味着被规定，即被社会价值体系所规定。个体是社会中的个体，是因为这种社会文化环境让他做出了这种选择。且不说到底“美国雪茄”会不会带来某种“立即的酬报”，他会认为抽美国雪茄就能收到“社会瞩目”的效果。换句话说，消费者的选择活动实际上是某种社会价值体系的体现，是社会评价标准对他影响的结果，尤其是广告和传媒的大肆渲染，是将物品本身添加多种“符号价值”的结果。从这个意义上说，人们做出的压制基本生活需要而追求奢侈的消费需求的选择明显受到了消费主义文化的影响。中国有句俗话叫“死要面子活受罪”，就消费而言，是指人们在进行某些消费活动时，并不是求得某种享受，而是获得某种地位的感受，而这恰恰是受社会价值观念影响的结果。有一种典型的“两栖消费者”，也是消费主义的践行者，他们在不同的消费领域运用不同的消费预算策略，并用一方的收敛节俭来支持另一方的支出花费，只是为了实现局部消费水平的提高。比如为了买一个国际品牌的挎包，一女士积攒了三个月的工资，几乎是将最基本的生活需求压制到了最低的限度。对此，她还认为挺划算：“一个包可以天天带，背好多年都不会过时，而且挎上后整个人的气质就不一样了。”这就是压制基本需求，过分追求奢侈消费品带来的所谓的品位与气质的最为典型的表现，可见其受消费主义影响之深。

斯克莱尔进一步论述道：“很明显，如果要解释人们为什么会填不饱肚子，或吃冷饭、穿自制的衣服，消费主义文化意识形态显得有些多余，但如果要解释为什么人们会做出暴饮暴食这样明显不利于身体健康的行为，为什么人们会负债累累为的只是购买大量的衣饰和昂贵的汽车，消费主义这一概念确有帮助。更具挑战性的是这样一个谜题：为什么穷国或富国的穷人们会明显违反经济理性，购买相对昂贵的世界名牌，以塑造某种身份感。我们只能以直率的感觉把这种身份感称作‘现代性的象征’（或者，甚至是‘后现代性的象征’）。”① 也就是说，在支付能力非常有限的情况下，尽力满足最基本的需要的行为不是消费主义的，相反，压制自己的基本需要而追求非基本的需求或是欲求这种错位的消费便是典型的消费主义。

此外，消费错位还表现在奢侈品消费主体的年龄错位上。中国的奢侈品消费者多数在 40 岁以下，主要追求的是个人奢侈，而在发达国家，主导奢侈品市场的是 40 岁到 70 岁的中老年人，主要追求的是家庭生活奢侈。这种状况恰恰证明中国还不是一个富裕的国家，因为从财富积累的角度看，中老年人有钱才表明一个社会真正富裕。因此，目前的奢侈品消费带有某种畸形心态。同时，消费主义不仅是指行为上的消费主义，还包括观念上的消费主义，后者是指由于经济条件的限制现在还不能但已经在极力追求或模仿消费主义的生活方式，甚至常常超出实际经济能力或压抑基本需要的满足而去追求心理上或观念上的消费，如“逛商店”“买概念”等。

---

① ［英］斯克莱尔：《社会运动与全球资本主义》，载于《全球化的文化》，弗雷德里克·杰姆逊主编，南京大学出版社 2002 年版，第 260 页。

二、物质消费与精神消费的失衡

前文已经指出，“经济冲动力”代替“宗教冲动力”是消费主义产生的原因之一。“不可否认的是，经济的冲动力一旦成为整个社会的主宰，那必然会对原有的观念体系形成冲击，必然会使所有的事物都笼罩在纯粹经济的光芒之下，追求物质享受就会成为人生最重要的目标。”[①] 消费主义的一大特征就是崇尚物质主义，过度占有和消费物质财富，追求感官享乐和物质享受，把对物的无限占有和消费作为人的本质诉求，使人沉溺于物质享受，丧失自由性和超越性。[②] 在他们看来，所谓精神的愉悦、心灵的解放等，它是无形的，周期较长，不像物质消费那般立竿见影，也就不足以成为彰显其幸福的标志。精神消费也就不太可能成为他们关心的对象。

物质的丰盛和富有本来为人的发展提供了良好的基础，可是当人沉浸于物质刺激之中虚度光阴、缺乏远大的理想和坚定不移的信仰的时候；当人在物质的满足中忘却人的精神追求，在物的面前丧失了自我价值和尊严，丧失自我存在的价值和做人的真理以及生命的空灵感，以致没有足够的信心面对未来的时候，一味地满足物质消费将带给人们百无聊赖的人生。我们看到，放纵物欲的消费方式在今天已经造成了人生价值虚无、

① 杨魁：《消费文化——从现代到后现代》，中国社会科学出版社 2003 年版，第 115 页。

② 刘军：《超越消费主义，树立科学消费观》，《人民论坛》，2019 年第 29 期。

人生意义缺失等严重后果。与消费主义结伴而行的还有拜金主义、享乐主义、极端个人主义，这些都使人们的人生观和价值观遭到严重扭曲。今天我们不难看到，酗酒、赌博、嫖娼、挥霍、纵欲、发泄等这些极端的消费主义行为，却被一些人视为驱逐烦闷和麻痹自我的方式，而最后这些消极的方式只能使人精疲力竭，精神颓废，自主意识和个性丧失，批判精神泯灭，以至于发出“活得没意思、生活无意义”的长叹；即使他们是“物质上的百万富翁”，却也是“精神上的乞丐”。有人调侃这类人，说他们“穷得光剩下钱了”，这恰恰是对他们精神空虚的最好写照。对他们来说，物带给他们的就像是口渴的时候反而喝了一杯盐水，不但不解渴反而增加了渴的程度。人们拼命向外追求物质、知识或娱乐，却未能掌握真正能安顿人心的核心要素。一旦缺失了精神文化需求，将人的需要的丰富性降为简单的物质需要，便大大缩小了人与其他追求生理本能满足的动物之间的区别，限制了人的精神超越的深度，降低了人类求真、至善、扬美的超越性追求。“没有信仰，没有精神的依托，也就没有了敬畏，失去了敬畏，失去了人最终追求的人生目标，在某种程度上，缺少了对欲望的控制，没有了理性的束缚，人就会变成纯粹的经济动物，对于社会的长远发展来说，这是不可想象的。”①

当然，消费主义也有所谓的精神文化消费，但一般情况下，他们追求的大多是比较庸俗的文化消费。对于一些甚至可

① 杨魁：《消费文化——从现代到后现代》，中国社会科学出版社2003年版，第115页。

以称得上是精神垃圾的东西如饥似渴、如醉如痴，而对那些有利于提高人的精神境界真正给人以知识和精神享受的文化产品视而不见。他们追求的是“刺激”“快乐”，这种“刺激”和“快乐”大多是来自感官，而并非有益于心灵。今天黄、赌、毒现象四处蔓延。网络“黄毒”、电脑“黑客”，还有电脑病毒也在危害人们的生活。有的人为了牟利，不惜制“黄”、贩“黄”、散布“黄”毒等以满足某些人畸形的消费需求。结果人们在这种消费中无异于“陶醉在抑郁不乐之中”，完全无益于人的身心健康发展。

总之，物质资料的丰富为人的本质的实现即人的全面发展提供了充分的条件，人应该在此基础上追求自我实现的人生目标，在追求的过程中实现人生的意义。片面的物质消费，必然导致人的片面的发展。马克思在《1844 年经济学——哲学手稿》中征引了许尔茨的《生产的运动》中的一段话：“一个民族为了在精神上更自由地发展，就不应该停留在肉体的需求这一奴隶状态中，不应当是肉体之奴隶。所以，首先必须留出时间来，以便能够在精神上创造和享受。”① 而消费主义的生活方式剥夺了人们精神上的创造和享受。对于消费主义主导下人们片面追求物质欲望，渴望无节制的物质享受和消遣，试图以物欲的满足和占有来构筑其心理和精神的需求，把人的价值单一地定位于物质财富的享用和高消费的基础之上，马克思对此早有批判，他认为：“仅仅供享乐的、不活动的和挥霍的财富

---

① 《马克思恩格斯全集》第 42 卷，人民出版社 1979 年版，第 94 页。

的规定在于：享受这种财富的人，一方面，仅仅作为短暂的、恣意放纵的个人而行动，并且把别人的奴隶劳动、人的血汗看作自己的贪欲的虏获集物，因而把人本身—— 因而也把他本身——看作是毫无价值的牺牲品；他把人的本质力量的实现，仅仅看作是自己放纵的欲望、古怪的癖好和离奇的念头的实现。”① 弗洛姆在评价马克思的历史唯物主义的时候说，马克思的历史唯物主义“与那种把所谓的‘物质的’或‘经济的’斗争当作人的基本的推动力的观点，没有任何共同之处”②。“马克思的目标是使人在精神上得到解放，使人摆脱经济决定论的枷锁，使人的完整的人性得到恢复，使人与其伙伴们以及与自然界处于统一和谐的关系之中。”③很明显，马克思对资本主义的全部批判，恰恰就是因为资本主义把对金钱和物质利益的关心变成发展的主要动力。马克思充分肯定了消费对人的发展的作用，在他看来，社会主义是要消灭妨碍尊严的生活贫困，也就是说人的合理需要应该得到满足，但是不能由此推论出社会主义的目的就是满足消费。人类之所以要搞社会主义，并不在于使人们都拥有昔日的资本家所拥有的那么多的财富，更不是要使人们都过上穷奢极欲、金玉满堂、纸醉金迷的生活，社会主义绝不把最大限度地进行消费作为自身的目的。马克思尤其反对资本主义社会将人引向一种只知道从物质方面来

---

① 《马克思恩格斯全集》第42卷，人民出版社1979年版，第141－142页。

② ［美］弗洛姆：《马克思关于人的概念》，载于《西方学者论〈1844年经济学哲学手稿〉》，陈学明译，复旦大学出版社1983年版，第30页。

③ ［美］弗洛姆：《马克思关于人的概念》，载于《西方学者论〈1844年经济学哲学手稿〉》，陈学明译，复旦大学出版社1983年版，第22页。

满足自身的“经济动物”，极力主张要将人从“消费动物”的状态中解救出来。社会主义制度下和资本主义制度下的人的生活方式迥然有别，而物质资料的丰富只是为人的发展提供必要的条件而已，人最终要实现的是自由全面的发展。

三、消费手段与消费目的的颠倒

消费主义不仅导致人的需要的错位，引发人的物质需要与精神需要的失衡，导致人的片面发展。更重要的是，消费主义宣扬消费是人生的根本目的，将消费从满足人的需要的手段的地位变成人的根本目的，人们在消费中不是发挥了自主性与创造性，不是感到满足和快乐，而是为消费而消费，“因为消费成了目的本身，因为消费不是为了使用或享受买来的消费物品，所以购买和消费的行为成了强迫性的和非理性的目的。每个人的梦想就是能买到最新推出的东西，买到市场上新近出现的最新式样的商品，相比之下，使用物品得到的真实享受却成为次要的”①。这种手段与目的的颠倒，则表现为为了某种纯粹外在的目的而牺牲自己的目的本身，必将危及人的自由全面发展。

在消费主义看来，消费充分体现了生机和活力，而要保持生机和活力，我们就得不停地消费下去。于是人们永远都会发现自己更喜欢的商品才刚刚推出，他们使用的耐用品在“寿终正寝”之前早被更新换代，而最喜欢的商品总是超过自己

① ［美］弗洛姆：《健全的社会》，欧阳谦译，中国文联出版公司1988年版，第135－136页。

的消费能力，自己永远“缺一件”。并且当他们发现有一种商品自己无力支付时，首先想到的不是自己是否真正需要，而是自己挣得不够多。于是生活就演变成挣钱和花钱的简单模式，工作是为了挣得更多，挣得更多是为了投身于商品的流行、时尚之中，在消费中去发现自己。与其说是商品和服务在满足人们的需求，倒不如说是人们在不断的消费行为本身中得到满足。或者说，人们就是在满足商家推广商品的需要，这便是为消费而消费，消费从满足人的需要的手段变成了人的目的。于是，“作为消费者，同一个人又被熏陶成要更多地挣钱，永不满足，讲享受，不受约束，成为追求个人自由安逸的人，总之要成为与生产者完全不同类型的人”①。在工作中，人们只关注消费这一目的的实现，无法找到劳动的乐趣，正如弗洛姆所说，人们花费大量的时间做着自己不感兴趣的事，与他们不感兴趣的人在一起，生产着他们不感兴趣的东西；而当他们不生产的时候就消费。人们劳动无非是为了挣钱，而挣钱是为了消费。于是，人们整天来去匆匆，处于高度紧张之中，是为了使自己有更多的时间，接着他们就用所节省的时间再抓紧工作，以便节省更多的时间，一直到筋疲力尽不能再运用所节省的时间为止。在这个过程中，人们忘记了“通过人并且为了人而对人的本质的真正占有”② 才是“真正的人的财产”，而是将人的“财产”，片面地理解为享有、拥有。这与消费主义的价

① ［美］托夫勒：《第三次浪潮》，黄明坚译，生活·读书·新知三联书店1983年版，第88页。

② 《马克思恩格斯全集》第42卷，人民出版社1979年版，第120页。

值观念不无关系，因为消费主义来自资本主义意识形态的一个基本的教义，即认为人的自我满足和快乐的第一位要求是占有和消费物质产品。“消费主义文化—意识形态郑重地宣称，生活的意义存在于我们所拥有的商品之中。因此，消费就是生命的全部活力所在，为了保持生命的活力，我们就必须不停地消费。在全球资本主义体系中，人作为经济存在和政治存在的观念不再具有意义，男人和女人仅仅是消费者。对在一个消费主义文化—意识形态占支配地位的全球体系中的‘普通成员’来说，经济活动的意义在于为消费提供资源，政治活动的意义在于保证消费的条件得以维持。”① 也就是说，消费主义把本来属于手段的占有财富当作目的——为财富而财富——来追求。消费不是为了人，而人活着是为了消费。人的解放也就变成了消费及其消费欲望的解放。

当然，人的需要也是一个历史范畴，随着社会的发展进步，其内涵也会发生变化，但无论怎样，消费是满足人的需要的手段，相对于人来说，消费的手段地位，消费的工具性意义是不会改变的。关于这一点，从马克思对商品拜物教与货币拜物教的批判中便可以看出来。“一个是要克服妨碍尊严生活的赤贫，另一个是不断增长消费，后一目标对于资本主义和赫鲁晓夫来说具有最高价值。马克思的立场是十分清楚的：既要征

---

① ［英］斯克莱尔：《全球化社会学的基础》，《社会学研究》，1994 年第 2 期。

服贫困，又要反对把消费作为最高目的。”① 而消费主义恰恰是把消费当作了人生的根本目的，导致目的与手段的颠倒，人从属于物。而被物所占有和役使的消费者，变得越来越贪婪和被动，消费成了一种病态行为，一种对物品的无度的索取和占有。人同对象的具体的关系不是创造和被创造的关系，人的劳动也不是人的自由的自觉的感性的活动，不是自我实现和自我表现的活动。人越来越依赖于自己占有的“物”，将之视为其地位和身份的象征，这样，人就变成了一种随物而流动的丧失了自我主体性的人。

对于手段为什么会变成了目的，西美尔独到的解释对我们不无启发。在他看来，现代社会中人的目标的实现要通过很多的手段，“复杂的生活技术迫使我们在手段之上建筑手段，直至手段应该服务的真正目标不断地退到意识的地平线上，并最终沉入地平线下”②。他在这里所说的手段就是指金钱（货币），它本是一种只作为手段才有价值的对象，却以巨大的能量，完整地、成功地将生活的全部内容（实际上或表面上）都化为一种仅凭自身就能令人满意的追求目标。对于金钱成为人的唯一奋斗目标的后果，西美尔指出：“这一结果就给现代人的生活提供了持续不断的刺激，现在他有了一个目标，一旦其他目标给它空间，它就会像电阻部件一样出现，而且这个目

---

① ［美］弗洛姆：《马克思关于人的概念》，载于《西方学者论〈1844 年经济学哲学手稿〉》，陈学明译，复旦大学出版社 1983 年版，第 51 页。

② ［德］西美尔：《金钱、性别、现代生活风格》，刘小枫编，顾仁明译，学林出版社 2000 年版，第 11 页。

标一直以潜在的方式存在在那里。货币给现代生活装上了一个无法停转的轮子，它使生活这架机器成为一部“永动机”，由此就产生了现代生活常见的骚动不安和狂热不休。”[①] 人以金钱为目标，货币从一种纯粹的手段和前提条件成长为最终的目的，人在不断追求金钱的过程中已经沦为了金钱的奴隶。而在今天，这一目标越来越被消费所取代，无论是占有货币还是拼命地赚取货币，在很大程度上都是为了追求更好的消费，消费在今天具有强烈的社会指示功能。但是，正如“在促使价值意识集中在金钱身上的那些环境不再存在之后，金钱自己就暴露出作为纯粹手段的特征，即一旦生活只关注金钱，这种手段就变得没有用处和不能令人满意——金钱只是通向最终价值的桥梁，而人是无法栖居在桥上的”[②]。同样，消费对于人来说也是作为手段而不是目的而存在。消费主义将本来作为人的需要的满足的手段的消费当作了人的目的，是手段与目的的颠倒，人异化为金钱和物质的奴隶。在社会主义市场经济的今天，存在着一些不惜一切手段追求金钱，为了金钱可以放弃美好的情感、个人的尊严等宝贵的东西的行为，其最后往往成为金钱的奴隶，而毫无快乐和幸福可言。

这里不得不提到马克思对资本主义条件下人的异化状态，对将人的需要歪曲为物质需求，甚至将人等同于经济动物，将

---

① ［德］西美尔：《金钱、性别、现代生活风格》，刘小枫编，顾仁明译，学林出版社 2000 年版，第 12 页。

② ［德］西美尔：《金钱、性别、现代生活风格》，刘小枫编，顾仁明译，学林出版社 2000 年版，第 8 页。

消费颠倒为人的目的所进行的深刻而经典的批判。他指出，物质消费或是物质享受只是满足人的生存的手段，在这一点上，人跟动物的需求并没有多大的区别，从某种意义上说，只是履行动物的功能。“吃、喝、生殖等，固然也是真正的人的机能。但是如果加以抽象，使这些机能脱离人的其他活动领域并成为最后的和唯一的终极目的，它们就是动物的机能。”① 这说明，人和动物的根本区别不在于是否执行肉体机能或是否有肉体的生活，而在于这些肉体机能是否被抽象化、片面化，即脱离其他的活动以致变成唯一的和终极的目的。在资本主义条件下，恰恰把表现动物性的一面误当作人所独有的东西加以享受，用对物质享受的追求代替对通过劳动来实现本质的追求，而真正要他表现为人性的一面时，他却像动物一样地运作：“人（工人）只有在运用自己的动物机能——吃、喝、性行为，至多还有居住、修饰等等的时候，才觉得自己是自由活动，而在运用人的机能时，却觉得自己不过是动物。动物的东西成为人的东西，而人的东西成为动物的东西。”② 实际上，这里马克思明确地指出了，仅仅满足于物欲或是物质消费就等同于经济动物，只有自由的自觉的活动即劳动才是人的本质。可是，资本主义社会却造成了这样的颠倒：吃、喝等明明是动物的功能，可人却完全专心致志地享受，并抽象化、片面化为

---

① 马克思：《1844 年经济学哲学手稿》（单行本），人民出版社 2000 年版，第 55 页。

② 马克思：《1844 年经济学哲学手稿》（单行本），人民出版社 2000 年版，第 55 页。

人的终极目的和独有功能，而把本属于人的本质的自由的自觉的活动即劳动却当作了人的谋生的手段。这是对目的和手段的颠倒，事实上这也意味着生活本身没有了目的和意义，人失去了作为人的本质规定性。在消费领域内寻求满足，而把在生产领域的活动都视为只是谋取满足消费的手段，这是“人类自进入文明状态以来所犯的一个最大的错误”①，在20世纪后半期，这种错误愈演愈烈。

总之，消费主义加剧了物质主义的流行，把人抛入一个冷冰冰的物质与精神的悖论之中，它强化了物质的力量，削弱了主体精神的价值，使人的发展沾染上物的气息，这必然妨碍人的全面发展。因此，扬弃物化、走出消费主义的泥潭，迈向更高的人生阶段和层次，追求更高的文化精神需要和才能、个性的全面发展，应该是当代人真正努力的目标。

第四节　消费主义影响民族发展

一、消费主义冲击民族文化与民族产业

消费主义特征之一就是追求“符号消费”，不在乎商品真正的使用价值，而是追求商品的品牌和其符号象征意义，其中典型的表现就是消费者对西方物质和西方消费方式的崇拜。这

---

① 参见陈学明：《人的满足最终在于生产活动而不在于消费活动——生态学马克思主义的一个重要命题》，《马克思主义与现实》，2002年第6期。

不仅是对民族文化的巨大的冲击，同时也使我国的民族工业和民族产品遭受打击，使其发展陷于尴尬的境地。

其一，传统节日商业化，失去“民族味”。丰富的民族传统节日是中华文化不可缺少的组成部分。每一个节日都有它的历史渊源、美妙传说、独特情趣和深广的群众基础。它们反映了民族的传统习惯、道德风尚，寄托着整个民族的憧憬，是千百年来岁月长河中欢乐的盛会。可今天，随着商业化气息越来越浓，传统节日也完全变味了。清明扫墓祭祖，是千百年传承下来的传统民俗。扫墓祭拜不过是一种形式，目的在于借身临其境和亲力亲为来表达对先人的哀思与怀念。这种情感交流是他人不能替代的。而现在由于工作在外地或是工作太忙，一些人不能亲自前往祭祖，一些墓园推出了“代客上香”“定期抹碑”“鲜花伴故人”等代人祭祖的服务项目，只要花钱，这些程序都会到位，可是无论代祭者的拜祭动作多么标准和认真，内心多么虔诚，代祭也只是完成了程序上的动作，无法表达亲人的情感。有人对此发出了“警惕消费主义异化民族风俗”的警告。中秋节的月饼卖到了天价，可是却没有了“明月千里寄相思”的情怀，缺失了“但愿人长久，千里共婵娟”的赏月的心情。就连中国人曾经最看重的一年一度的春节在一定意义上也只是用大量消费来“犒劳”自己或是家人的一种方式，不见得有多少“年”味，也不见得大家从中得到了多少快乐，倒是大幅促进了 GDP 的增长。当然，随着我国将民族传统节日列为法定假日，传统节日会重新受到人们的重视，其实，单就其中所蕴含的商机而言，至少商人会让你以“消费”

这样的形式“铭记”这些传统节日的。

其二，盲目追捧国际品牌，民族产品遭遇尴尬。20 世纪 80 年代初，红极一时的皮尔·卡丹率领风靡欧美的时装表演队来华时，受到的还是奚落和嘲讽。然而，短短几年之后，随着国民生活水平的大幅提高，名牌效应极大地冲击了国人的消费观念和消费方式。看豪华时尚杂志，对国际名牌了若指掌成了一些人的习惯，购买最“眩”“酷”“in”的商品来表达自己站在潮流前端。不同的品牌在消费者心目中按价值高低分为不同的档次。比如服饰之圣罗兰、华伦天奴、皮尔·卡丹、耐克、阿迪达斯；轿车之奔驰、劳斯莱斯、宝马；电子移动设备之苹果、IBM、戴尔、诺基亚、三星、摩托罗拉；啤酒之虎牌、嘉士伯、百威等国际知名品牌均是消费者的宠儿。相比之下，国内众品牌的社会认可度和市场占有率明显处于下风，它们的社会符号价值亦是大不如前者，这跟中国企业发展本身有一定关系（如“假冒伪劣”问题所导致的对国产品牌的质量信任危机）。可即便在有着悠久饮食文化的中国，在饮食行业的竞争中同样处于一种劣势地位，麦当劳与肯德基在中国一登陆，便备受青睐，红极一时，中国式快餐行业只能是望“洋”兴叹。人们随意地买可口可乐饮料、听迈克尔·杰克逊的磁带、染金色的头发、穿乔丹的篮球鞋等诸如此类的事例并不仅仅发生在青年群体中，也发生在其他年龄的群体中。全球化进程事实上拓展出一种跨国形象的文化空间，形成了一种新的生活理念，即借助于某种外来的服装、某个商品、某个品牌，可以生产、消费展示自己的性格与形象。对于中国的消费者而言，与其说在麦当劳喝的是可口可乐，吃的是汉堡，还不如说是在体验美国的文化，是麦当劳这样的跨国公司传播的消费文化。

快速发展的中国是全球经济最具活力最有潜力的市场，尤其是在中国成功加入 WTO 以后，中国进一步融入世界经济市场，成为全球市场的重要组成部分，并且中国已经成为世界各国跨国公司努力进入的市场。盲目信赖国际品牌使我国很多民族产业发展受阻，一些发展中的企业更是举步维艰，即使其产品可与外来商品相匹敌，甚至是物更美价更廉也少有了销路，民族企业的发展处于非常尴尬的境地。为此，许多国货也被迫走形式主义的道路以迎合消费者的这种心理。今天我们生活中能够读懂的商标越来越少，那是因为很多商品是先有洋名，然后才有中文名的。洋标签已成为一种无形资产，成为某种文明与高雅的标志。比如本来就适于在中国种植、产于中国的质量更好的水果，也要冒用“美国进口”的标签才会有更好的销路和更高的价格。对于民族企业所受到的冲击，黑默林认为这是一种不平等的竞争：“（1）这些公司企图进行经济剥削；（2）他们刻意地欺瞒与操纵第三世界的观众；（3）他们引进了其本身并不奢求的商品，并在此过程中压制了较好的‘传统’产品。”[①] 可见，他是反对国际公司的广告宣传的。

① ［英］汤林森：《文化帝国主义》，汤建三译，上海人民出版社 1999 年版，第 218 页。

二、消费主义冲击社会主义主流意识形态

从根本上说，消费主义作为一种价值观念实际上是与晚期资本主义或是消费社会相联系的社会意识形态。资本控制下的消费不再是单纯的消费行为，还是一种文化实践。[①] 斯克莱尔在《全球体系社会学》中明确提出“消费主义文化—意识形态”的概念，将消费主义看成是资本主义的文化意识形态，并且认为在资本主义体系的全球化实践中，文化总是具有服务于这个体系的意识形态功能，在这个领域中的所有跨国文化实践毫无例外地同时属于意识形态的实践，因此可以将消费主义叫作消费主义文化—意识形态（culture - ideology）[②]。这种文化意识形态，一方面，通过对大众消费的控制和操纵更好地维持了资本主义的运行秩序；另一方面，在全球化的时代，消费主义作为发达国家的一种文化意识形态，它必定具有不断向其他国家扩散和渗透的功能。因为消费主义的意识形态性质，以至于当它的触角几乎遍及全球的时候，并不表现为某一个国家或国家集团的强制或政府行为与政策主导，相反，消费主义的显著特征是千百万人的“积极同意”和“主动实践”。

消费主义与社会主义主流意识形态截然不同，它代表发达国家的文化和生活方式，在某种意义上对人们更有吸引力和诱

---

① 贾中海、李娜：《消费社会的符号价值与后现代的主体性丧失》，《社会科学战线》，2021 年第 5 期。

② L. Sklair, Sociology of the Global System, Harvester Wheatsheaf, 1991, P46 -49.

惑力，它向人们展示了工业国家的奢侈消费模式，同时随着消费模式的传递，也将打上西方烙印的民主化、理性化的政治声音传递给人们，这很容易内化为人们心中的文化价值观念，其负面的影响必然是对社会主义主流意识形态产生冲击，削弱社会主义主流意识形态的影响力，甚至威胁到社会主义国家的安全。正如霍华德·谢尔曼指出："一种制度如果其自己的思想辩护不居支配地位，那么这种制度就不能存在下去。"① 如果控制了一个国家的主流意识形态，从一定程度上说，失去主流意识形态的国家已经不战而败。

至于意识形态对一个国家抵抗外来侵略或是侵入另外一个国家的重要性，负责国家安全事务的前美国助理国防部长、现哈佛大学肯尼迪政府学院院长约瑟夫·奈曾有过详细的论述。1990 年，他在《注定领导世界：美国权力性质的变迁》一书中第一次提出"硬权力"（hard power）和"软权力"（soft power）关系的理论。在他看来，所谓"硬权力"，就是指一个国家在经济、政治和军事方面的力量，它是一个国家在国际关系中的指挥权、领导权、发言权的基础，是一个国家在国际事务中发挥实际能力的关键；"软权力"则是指这个国家在文化意识形态和价值观方面的力量，它能够使一个国家在国际关系中发挥出强大的影响力、吸引力和诱导力，如果一个国家的文化和意识形态具有吸引力，其他的民族和国家就会自愿地追随它们的领导。文化力量就是一个国家"软权力"的重要组

---

① ［美］霍华德·谢尔曼：《激进政治经济学基础》，商务印书馆 1993 年版，第 63 页。

成部分。从另一个角度看，“硬权力”指一个国家凭借经济实力、军事力量，通过对其他国家进行经济制裁和武装军事干涉，去胁迫他国干他们不想干的事情；那么“软权力”则是通过吸引力、感召力和同化力而不是强制力获得理想结果的能力。既然一个国家可以使它的行为标准和制度在其他人眼里具有吸引力，那么它就无须扩展那些传统的经济和军事资源。总之，“软权力”指的是“一种通过让他人做他人自己想做的事情而获得预期结果的能力”“是一种通过吸引而非强迫获得预期目标的能力”①。约瑟夫·奈在同一本书中还指出，如果一个国家能够使其权力在别国看来是合法的，那么它在实现自己意志的时候就会较少受到抵抗。如果它的文化和意识形态具有吸引力，那么别的国家就会更愿意效仿。如果它能建立起与其社会相一致的国际规范，那么它需要改变自己的可能性就会很小。如果它能够帮助支持那些鼓励其他国家按照主导国家所喜欢的方式采取或者限制自己行为之制度，那么它在讨价还价的情势中就可能没有必要过多地行使代价高昂的强制权力或者硬权力。他说：“简言之，一个国家文化的普世性和它具有的建立一套管理国际行为的有利规则和制度之能力，是至关重要的权力源泉。在当今国际政治中，那些软权力源泉正变得越来越重要。”②

---

① ［美］罗伯特·基欧汉、约瑟夫·奈：《权力与互相依赖》，门洪华译，北京大学出版社 2002 年版，第 263 页。

② Joseph S. Nye, Jr. Bound to Lead: The Changing Nature of American Power, New York: Basic Books, Inc., Publishers, 1990, P32 – 33.

受消费主义影响，从电视电影、时尚、通俗音乐到因特网信息流，西方文化正越来越决定性地“促使全世界范围里的人都热衷于追求物质享受和及时满足道德上不受抑制的个人欲望”[①]。相比较而言，我们对社会主义社会的主流意识形态的倡导和建设还有很长的路要走。对此，许纪霖先生发出警告：“一个千年文明古国一旦以实用的尺度来衡量自己的人文精神，虽然它可以一度人文治国，但在现代化的变迁中会比其他国家更加势利地否定自己的人文传统，比老牌资本主义国家更加功利化、物欲化，最后整个文明毁灭在一片糜烂的纵欲之中。”[②] 旅居加拿大的学者梁燕城也认为：“当代中国的悲哀，在面临文化精神之沦亡。在经济迅速发展之下，人心归向世俗化，中国文化正在失去其灵魂，民族的骨气也在日减，人人为了赚钱而疯狂，甚至不择手段。”[③] 学者们的担忧绝不是夸大其词，对我们有着深刻的警醒作用。全球化过程中消费主义文化意识形态的渗透，使社会主义国家开展同西方的意识形态斗争更加复杂和困难。马克思指出：“如果从观念上来考察，一定的意识形态的解体足以使整个时代覆灭。”[④] 意识形态是观念上层建筑，关乎旗帜、关乎道路、关乎安全，对一个政党、

① ［美］保罗·肯尼迪：《未雨绸缪——为21世纪做准备》，何力译，新华出版社1996年版，第56页。

② 许纪霖：《寻求意义——现代化变迁与文化批判》，生活·读书·新知三联书店1997年版，第227页。

③ 王元化等：《崩离与整合——当代智者对话》，东方出版中心1999年版，第42页。

④ 《马克思恩格斯全集》第8卷，人民出版社2009年版，第170页。

一个国家、一个民族的生存发展至关重要。历史和现实都警示我们，一个政权的瓦解往往是从思想领域开始的，思想防线守不住，其他防线就很难守得住。所以，面对新形势下隐藏在日常生活中的西方消费主义文化意识形态的影响与渗透，如何防范和抵制西方消费主义文化也就成了当前我们亟待解决的重大问题。

三、消费主义：一种新的殖民形式

消费主义对民族文化、民族产业以及主流意识形态的冲击，表明消费主义文化的传播是一种新的文化殖民形式。英国学者汤林森指出："资本主义的文化重点就是消费的行为过程与经验的商品化……资本主义文化的扩散，实质就是消费主义文化的张扬，而这样的一种文化，会使所有文化体验都卷入到商品化的旋涡之中。"① 布西亚也认为，西方资本主义社会将"消费与信息"合成一种符码系统，这种符码系统是一个无意义的浮动的网络，它操纵和制约着大众的思想行为，并形成全面的文化霸权。②

尽管全球化的过程是各民族经济文化交流和融合的过程，全球文化互动的内在动力正在于不同文化在形式与意义上的互补，但是，就现实来看，具有"全球意义"的文化却不是全

① ［英］汤林森：《文化帝国主义》，冯建三译，上海人民出版社 1999 年版，序言第 6 页。

② ［法］布西亚：《物体系》，林志明译，上海人民出版社 2001 年版，第 221－222 页。

球各种文化的抽象和平均，而是经济技术发达的西方国家通过一些支配程序而展开的全球作业。经济实力上处于强势的国家像美国自然会有更多机会传递自己的信息并影响其他国家，能支配大众交往渠道。事实上，以美国为首的发达资本主义国家以占领和控制全人类精神生活的制高点为目标，借助网络传媒这一工具，向包括中国在内的经济文化欠发达国家和地区大肆倾销它们的精神文化产品，从而潜移默化地影响这些国家人们的思维方式和价值观念。国际品牌、大众文化偶像和工业品以及卫星向各大洲成千上万的人现场直播是当代全球化的最具代表性的形式，其覆盖面广并且渗透力强。时代华纳、新闻集团、迪士尼乐园、威卡姆集团、贝塔斯曼集团、美国电讯公司等成为文化产业的全球性垄断寡头；美国的电影、欧洲的摇滚、英国的音乐喜剧、巴黎和米兰的时装、德国的图书等均在全球范围内取得了支配地位。文化从强势的西方发达国家传播出去，大举占领海外市场，催生了全球性需求，几乎使全球消费者对其欲罢不能。“在这种实际上是‘麦当劳化’的全球化压力下，一些发展中国家或文化弱势国家的市场被并不能反映他们生活的符号和形象所占领，甚至难以讲述自己的故事和经验，现阶段的全球化确实具有文化殖民的特征，这种意义上的全球化确实在威压着自古形成的文化。”① 所以有人认为全球化在某种意义上是“美国化”。龙应台就真切地指出：“然而，什么是‘全球化’呢？这个词其实是有问题的。影响从哪里

① 单世联：《全球化时代的文化多样性》，《天津社会科学》，2005 年第 2 期。

来，往哪里去，是什么‘力量’在转化谁？谁被谁‘化’掉啊？渗透到我的24小时生活细节里来的，难道是印度的或埃及或阿拉伯的影响吗？不是，仔细看这24小时的内容，代表着‘全球化’的东西中，其实99%是西方的影响，是西化，然后再细看西化的内容，譬如说物质的品牌，非常高的比例是美国来的东西。所以对于我们而言，所谓全球化的内涵其实是一种‘美国化’的过程。”①

埃及学者谢里夫·海塔塔在其论文《美元化、解体和上帝》中不无担忧地指出消费文化对第三世界国家的影响，在他看来，对于资本主义世界来说，运用经济力量、操纵政治和军事力量维持新世界的秩序并非易事，文化具有更隐秘、更强的渗透力。“为了扩大世界市场并使之全球化，为了维持新世界秩序，跨国大公司既运用经济力量，也操纵政治和军事力量。但这样做并非易事。人们总会反抗剥削和不平等，总会为了他们的自由、他们的生存需要、他们的安全，为了更好的生活以及和平而斗争。不过，如果可以说服人们按照他们的主人的意图行事，一切就容易得多了。在此，文化问题也就凸显出来。文化可以以各种方式帮助全球经济伸向世界各地，把市场推广到哪怕是最遥远的区域。凭借文化的服务，那些不满于现实的人，对现实有疑虑的人，还有那些喜爱思考的人的抵抗可被摧毁、消弭、瓦解。文化就有点儿像今天席卷全球的另一样

① 龙应台：《全球化的我在哪里？——在北京现代文学馆的演讲》，《南方周末》，2004年2月26日。

东西——可卡因。”[①]在文中他还以自己的亲身经历描述了消费文化在第三世界国家的影响。消费主义正从一种地方性现象扩散到全世界各个角落。随着经济活动全球化的发展，越来越多具有共性特征的文化物质被不同国家、民族的文化所选择、吸收，渐渐规范化、制度化、合理化并被强化成为人的心理特征和行为特征，而另外一些传统的、带有强烈的排他性的文化物质被抑制、排除、扬弃，甚至失落了整体意义和价值，从而出现了全球消费文化的趋同。正如美国文化批评家杰姆逊曾引用法兰克福学派阿道尔诺的话指出，“商品已经成为它自己的意识形态”“在过去的时代，人们的思想、哲学观点也许很重要，但在今天的商品消费时代里，只要你需要消费，那么你有什么样的意识形态都无关宏旨了。我们现在已经没有旧式意识形态，只有商品消费，而商品消费同时就是其自身的意识形态。”[②] 莫利还指出：“如果说自由贸易是强大经济国家借以渗透、统治经济弱小国家的机制的话，那么信息自由流通是借以将美国的生活方式和价值观念强加给贫穷、羸弱的社会的渠道。”[③] 一个典型的例子是，曾经在尼加拉瓜政府与美国支持的游击队作战时，尼加拉瓜的电视台还在播放美国的电视节目，逃避现实的电视节目播放着“另一个世界”的幻想。这

---

① ［埃及］谢里夫·海塔塔：《美元化、解体和上帝》，载《全球化的文化》，杰姆逊、三好将夫编，马丁译，南京大学出版社 2002 年版，第 229 页。

② ［美］杰姆逊：《后现代主义与文化理论》，陕西师范大学出版社 1987 年版，第 23 页。

③ ［英］戴维·莫利、凯文·罗宾斯：《认同的空间：全球媒介、电子世界景观与文化边界》，司艳译，南京大学出版社 2001 年版，第 301 页。

种吸引力和影响力是“一种勿须投入过多的相当有价值的软力量资源”。

美国外交史学家弗兰克·A. 宁柯维奇直言不讳地说：“文化手段和政治、经济、军事手段一样，不但都是美国外交政策的重要组成部分，在大国间军事作用有限的条件下特别是现代战争无法严密保护本国安全的情况下，文化手段尤其成为美国穿越障碍的一种更加重要的强大的渗透工具。”① 美国凭借其强大的政治、经济和军事优势，运用各种手段，向中国推销其文化、意识形态、价值观念和生活方式，不可否认，其文化渗透与扩张中包含着“和平演变”的阴谋。对此，他们自己也承认，美国前总统理查德·尼克松在其著作《1999：不战而胜》中指出：“在下一个世纪，采取侵略的代价将会更加高昂，而经济力量和意识形态的号召力将成为决定性因素。”② 马克思和恩格斯曾经指出资产阶级用商品打开其他国家的大门，“商品低廉的价格，是它用来摧毁一切万里长城、征服野蛮人最顽强的仇外心理的重炮。它迫使一切民族——如果它们不想灭亡的话——采用资产阶级的生产方式；它迫使它们在自己那里推行所谓文明制度，即变成资产者。一句话，它要按造自己的面貌为自己创造出一个世界”③。而今天这种商品输出的摧毁力量依然存在，一个穷国的国家电视或报业集团，从西

---

① 转引自李志敏、冯江源：《全球化对中国文化安全发展的影响及对策》，《科技进步与对策》，2001 年第 8 期。

② ［美］尼克松：《1999：不战而胜》，中国人民公安大学出版社 1998 年版，第 54 页。

③ 《马克思恩格斯选集》第 1 卷，人民出版社 2012 年版，第 404 页。

方大媒体来源那儿购买本地区的新闻（更不用说是海外新闻），比自己建立起新闻来源或依靠像他们自己一样贫穷的国家来说，要更节约成本，而就是在这种“美国大片”“休闲文化”以及“娱乐新闻”中，更添了文化意识形态的输出。古巴共产党领导人菲德尔·卡斯特罗针对西方消费主义现象曾一针见血地指出：“电视的所有宣传，加上从这里到那里的汽车，再加上所有人种的漂亮极了的女人，同汽车一起做广告，还有你们在一些休闲和消费杂志上看到的商业宣传，这些都会诱惑我们的同胞。”[①]“在我们这些国家的任何一个首都的大街上，叫花子也看这种杂志，它向他们展示豪华的小汽车，伴有女郎，甚至还展示游艇或诸如此类的东西，不是吗？他们就用这些宣传使人们慢慢中毒，以至于连叫花子都残酷地受影响，让他们做他们达不到的资本主义天上的梦。”[②] 所以，我们认为消费主义的渗透是新的殖民形式，是“媒介帝国主义”或是“文化帝国主义”，一点也不为过。

对于文化帝国主义，斯克莱尔认为，它所鼓吹的价值观起着防止被剥夺人民对他们日益恶化的处境进行集体抗争的重要作用，因为它在第三世界广泛传播的信条、形象和意识形态阻碍了第三世界国家人们的集体行动。他认为帝国主义的重大胜利不仅是在物质利益方面，而且在于它直接地通过大众媒体，

---

① ［古巴］菲德尔·卡斯特罗：《全球化与现代资本主义》，王玫等译，社会科学文献出版社 2000 年版，第 39 - 40 页。

② ［古巴］菲德尔·卡斯特罗：《全球化与现代资本主义》，王玫等译，社会科学文献出版社 2000 年版，第 39 - 40 页。

间接地通过俘获被压迫民族知识分子和政治阶级（或他们的投降）来征服被压迫者的意识的内部空间。所以在他看来，要使群众性的革命运动的重新产生成为可能，就必须不仅反对在物质利益上的剥削条件，而且要对主宰受害者的文化进行公开的战争。他的主张不无道理。事实上，当人们吃着麦当劳，畅饮着可口可乐，欣赏着好莱坞大片时，与其说是在接受西方的饮食和欣赏其高超的制片技术，还不如说在感受美国的文化，愿意花钱和花时间去消费其物质文化产品，从一定意义上说，也就是愿意去接触和接受西方资本主义的意识形态和价值观念。这就说明相比其他的侵略形式，文化意识形态渗透形式之隐秘、力量之强大以及反抗它之艰难可想而知。

媒介在消费主义文化传播中起了推波助澜的作用，这里值得一提的是关于“媒介帝国主义”的说法。到底媒介是中性的还是一种新的殖民形式？汤林森在其名著《文化帝国主义》中认为媒介是中性的，他运用解释学的方法说明媒介产生的效果依赖于读者（观众）对文本（媒介宣传的内容）的解读，不同的读者面对同样的文本会产生不同的阅读效果，因此，他反对“媒介帝国主义”的说法。用霍尔的编码—解码模式来分析，广告就是逐步改进自己的编码体系，使之更贴近受者的解码体系，引发起共鸣，达到广告传播的效果。在此，编码者与解码者在表面上是对等的，甚至解码者还更占主动地位。可事实上，尽管广告的符号意义的诠释权在消费者，传播媒介绝不是完全中立性的，媒介无非是文化、意义的中介或物质载体。离开了文化内容，传媒只不过是一堆机械设备和从业人员，工具性的大众传媒只有在它和特定的文化、政策、意识形态结合在一起时才具有意义。正如波德里亚所言，消费商品的符号意义是先行的，广告和时尚杂志预先所编结的万花筒般的意义网络，无疑是搭起了商品符号的全部认知结构。消费者的诠释逃离不开这张网。消费是主动的，而消费主体却是被动的、软弱的，并没有真正的发明力量。曾经在西方的自由主义者看来，在现代性的“多元”背景里，人的自主性一般说来是有增无减的，也就是说，消费者可以根据自己的需要做出恰当的选择。可是当大量的选择排山而来时，没有“传统的”文化规范与行为作为依托，个人也就无法得到“稳定”的自我意识，于是自主性反而可能减少。由此看来，媒介帝国主义还是存在的，并不像汤林森指出的那样，媒介是中性的，受众与媒体的关系是读者与文本之间的关系，事实上，它们之间并不是平等的。尤其是由于第三世界国家缺乏强有力的保护消费的法律以及广告规范，“对于全世界的许多穷人来说，似乎是一片乐土的西方，每晚都在世界上的 8 亿台电视机上出现”。这为“投射性的广告”（projective adversting）的推行设立了台阶。加拿大西北地区提纳（Dene）部落的一位当地妇女辛迪·吉尔蒂这样描绘电视来到她们社会的情况：“当电视来到我们村子里，我马上看到变化。人们对本地的故事、传说和语言失去了兴趣。而这些才是真正重要的，因为它们教给人们怎样去生活。我们过去总是尊敬老人并听从他们的意见，但这些正在很快地变化。”她还注意到“我们的传统和生存有许多联系。合作、共享以及不要拜物主义是人们能够在这里生活的唯一途径，但电视似乎总是指出与之相对立的价值观”①。杜宁曾经指出，商业电视的一个危险就是它促进了人类文化认同，导致了健康多样性的丧失并且减弱了人们对地方场所的依恋，使不论何种肤色、文化或出身的人们基本上都想拥有同样的东西，也就是拥有西方的生活方式，一个重要的原因就是西方文化殖民的结果。

① ［美］艾伦·杜宁：《多少算够——消费社会与地球的未来》，毕聿译，吉林人民出版社1997年版，第93页。

第四章　超越消费主义

鉴于消费主义给我们当前发展带来的种种危害，将消费主义的负面影响降到最低限度，超越消费主义，这是我们当前面临的重要任务。消费主义作为一种文化价值观念能深入人心，重要的原因在于它宣扬了关于消费的神话。拆解消费主义的神话，让人们认识到消费主义神话的虚假性，才能使人们的价值观念发生变革，自觉抛弃消费主义；消费主义致命的后果就是使人在消费中从属于资本的逻辑，从属于“物”，超越消费主义需要使人从“物”中解放出来，从行动上看，坚持“以人民为中心”，走满足人民群众美好生活需求的科学消费之路，是我们当前超越消费主义的必由之路；最后，鉴于当前消费领域的新变化，与我国当前的社会发展和消费阶段相适应，中国传统的消费文化已不能完全适应消费领域的发展，消费主义文化更不是我们的明智选择，建构一种新的与当代中国消费状况相适应的文化不仅是超越消费主义的可行途径，也是我们当前消费文化建设的必然要求。我们认为对传统消费文化进行现代发展，建构新时代中国特色社会主义消费文化将引导人们走出消费主义，走向合理健康的消费之路。

第一节　拆解消费主义的神话

人类任何一种生活模式均奠基在某种意识形态或价值系统之上，消费主义能够深入人心，一个根本原因在于它制造了种种关于消费的神话。正如在《消费社会》一书中，鲍德里亚写道：消费是个神话，也就是说它是当代社会关于自身的一种言说，是我们进行自我表达的方式。消费主义宣扬人生的意义和价值皆在消费中，并使之内化为人们的价值观念，制造了“我消费故我在”的神话；消费主义将人仅仅视为消费动物，制造了“消费带来幸福”的神话；消费主义将社会进步看成是单向的经济的进步，制造了“消费带来进步”的神话。所以，要超越消费主义，则必须打破消费主义者所持有的价值观念，拆解消费主义的神话。诚如莱斯特·布朗所言：“没有个人着重点和价值观的转变，便不会出现向永续社会的演进。”① 要超越消费主义，关键还在于价值观念发生根本变革。

一、“我买故我在”：一个虚假的命题

消费主义宣扬消费是人生的目的，首先创造了“我买故我在”的神话，消费主义者疾呼：“你买什么，你就是谁”“告诉我你扔的是什么，我就会告诉你你是谁!”一方面，消费

① ［美］丹尼尔·A. 科尔曼：《生态政治——建设一个绿色社会》，梅俊杰译，上海译文出版社 2002 年版，第 111 页。

主义认为只有在消费中人才能确认自己的本质；另一方面，人生的意义和价值全在于消费。消费主义制造的“我买故我在”的消费神话不过是一个虚假的命题。尽管现代社会的消费对个体身份意识的获得、社会地位的确证具有强烈的指示功能。个体消费的内容、方式、态度在一定程度上折射着个体的社会关系、经济状况、生活习惯、精神风貌和人格类型。但是，生命的价值在于在实践中不断提升人的生存境界，而消费活动也应该是帮助人的生命意义和生存价值不断充实的实践过程。[①] 仅仅有消费并不能实现人生的价值和意义，因为人的本质在于“自由的自觉的活动”，从最终意义上说，人的满足也只能在人的创造性活动中而不是在人的消费活动中，消费只是满足人的需要的手段，只具有中介意义。

马克思在《1844 年经济学哲学手稿》中指出：“人把自身当作普遍的因而也是自由的存在物来对待。”[②] “人的类特性恰恰就是自由的自觉的活动。”[③]这里的“自由的自觉的活动”就是人的现实感性活动，是劳动或实践，特别是物质生产实践。“自由的自觉的活动”既是一种自然生命的发动和作用，又是一种自觉意识的探索和创造，也是一种社会群体的交往和互动，它体现着人的内在本性，是人的内在本质的外在展示和实现方式。人的内部所潜在的本质力量只有通过这种现实感性

① 许翠芳：《现代性语境中人的消费异化及善治方案》，《北京交通大学学报（社会科学版）》，2020 年第 3 期。

② 《马克思恩格斯全集》第 42 卷，人民出版社 1979 年版，第 120 页。

③ 《马克思恩格斯全集》第 42 卷，人民出版社 1979 年版，第 96 页。

活动，通过作用于一定的外部环境和对象物，引起其发生合目的性变化才能展现出来。也就是说，人的劳动过程就是人的本质力量的对象化过程，劳动产品就是“一部打开了的人的本质力量的书”①。在这个过程中，人利用自己的智慧创造工具，能动地与外部世界发生关系，自觉地作用于外部世界，改造自然界（外部对象），从事这种活动的人是以对自身的掌握为前提条件的，并且在外部对象的自觉能动地认识和改造中改造人自身。人的发展就是人与自然界作用的范围不断扩大，对象性关系日益增多，人的内在世界与外在世界不断沟通，人与客观世界之间的物质、能量和信息变换不断进行，人的才能逐步得以发挥和挖掘，人的主体性逐步得以确证，人的本质不断得以丰富的过程。人之为人，总是处在不断超越现实的自我、追求理想的自我，不断通过自我生产、自我创造以发展和丰富自己的规定性的运动之中。马克思指出：“人不是在某一种规定性上再生产自己，而是再生产出他的全面性；不是力求停留在某种已经变成的东西上，而是处在变易的绝对运动之中。”② 最后，在无限多样性的活动中，在“变易的绝对运动中”，人“以一种全面的方式，作为一个完整的人，占有自己的全面的本质”③。

所以，“人是怎么样的”是一个内涵丰富的问题，它绝对不是一个单纯的生物学意义上的自然生命过程，也不是单纯的

① 《马克思恩格斯全集》第 42 卷，人民出版社 1979 年版，第 98 页。
② 《马克思恩格斯全集》第 30 卷，人民出版社 1995 年版，第 480 页。
③ 《马克思恩格斯全集》第 42 卷，人民出版社 1979 年版，第 123 页。

作为生物学范畴的自然生命的规定性，消费不过是实现人的存在价值的“形而下”的手段与过程而已，仅仅从消费形式上并不能真正说明一个人究竟是个“什么样的人”。可谓“个人怎样表现自己的生活，他们自己就是怎样”①。这种表现不是单纯地指一种外显的消费品，而是指“同他们的生产是一致的——既与他生产什么相一致，又与他怎样生产相一致”②。也就是说人是在他的活动中自我创生的，人的价值和尊严都是通过他的创造性活动展现出来的。它是由一个人的品德、人格、价值观念等内在特征以及表现这些内在特征的持久的、稳定的外在行为即“自由的自觉的活动”所决定的。正如我们如果对一个人做出了什么样的社会贡献或是在生产领域进行了什么样的创造性活动一无所知，就不能凭一个人穿着高档来评定这个人是个高尚的人一样，我们亦不能因一个人衣着寒碜而贬低一个人的人格。因此，“我买故我在”是个假命题，实质上是将“生命的计划表达于一种飞逝的物质性中”③。如果一个人没有了良心、没有了责任，纵使他消费得再多，消费的商品再昂贵、再高档，他也是一个低劣的、粗俗的人而不能成为高级趣味的人。那些斗富者、炫耀者、攀比者，纵然再有钱，他也是冷酷无情、精神乏味的“消费人”；那些追求享乐感受、挥金如土、奢侈浪费却毫无斗志的享乐主义者，也只是精

---

① 《马克思恩格斯选集》第1卷，人民出版社2012年版，第147页

② 《马克思恩格斯选集》第1卷，人民出版社2012年版，第147页。

③ ［法］布西亚：《物体系》，林志明译，上海人民出版社2001年版，第266页。

神空虚的物的奴隶。这就是说，我们不能因消费的显性功能而放弃人之为人的根本规定性。“人之为人”其意义在于：人在自然肉体生命的基础上不断追求和实现理想、创造对象和对象世界、超越现实存在，通过自由的自觉的生命活动来丰富和发展人的规定性（包括人的本质力量），并又最大限度地使之对象化在人自己的活动之中，不断实现自我价值。所以，“可以把人生的目的理解成按照其本性的规律展现其力量。所谓让自己活下去，就是让自己成为他自己，发展自己潜在地具有的个性”①。

总之，人生的意义和价值全在于人的自由的自觉的活动中。积极的人生其意义在于不满足于、更不屈从于“给予”，而是处在不断超越与创造之中。中国古代的思想家老子在《道德经》一书的末尾总结道：“既以为人己愈有，既以与人己愈多。天之道：利而不害，圣人之道：为而不争。”② 只有不断地去创造而不是疯狂地掠夺占有才是人类生存的最高法则。弗洛姆也说，我们的目的必须是有价值地存在，而不是占有很多的价值。正是价值和意义的维度使人从本质上超越了单纯的自然肉体生命过程的规定性，使“作为人的人”的生命活动即劳动、实践具有了自由的自觉的规定性，使人获得了存在和发展的时间和空间。③

---

① ［美］弗洛姆：《寻找自我》，陈学明译，工人出版社 1988 年版，第 25 页。

② 老子《道德经》第八十一章。

③ ［美］弗洛姆：《爱的艺术》，朱蓉贞、林和生等译，四川人民出版社 1986 年版，第 96 页。

二、“消费带来幸福”：将人视同“消费动物”

消费主义最大的恶果在于扭曲了人追求幸福的本性，将人的自由等于消费的自由，人的幸福等于无尽的物质消费，以消费的单向度抹杀人存在的全面性、复杂性，把人异化为“消费的动物”、机器或符号，将本属于人的灵魂、精神的东西遮蔽了，人在物质欲望中的沉沦，只能离人的本质越来越远。要剔除消费主义对人的影响，必须打破消费主义关于消费带来幸福的神话，打断“更多”与“更好”之间的联系，“由量的标准转向质的标准”，重新定义“幸福生活”，并在科学消费中追逐人生的幸福。

古往今来，关于幸福的著述可谓汗牛充栋，关于幸福的定义也是五花八门。但是对于幸福到底是什么，不同的人会有不同的理解，所以干脆有人说：“幸福就是一种感觉，你觉得幸福就是幸福。”尽管幸福是一种主观感受，但是它跟人们的价值观念、社会的客观环境紧密相关。马尔库塞曾指出：“幸福一词所指的不仅是私人的、主观的状态。幸福不仅是一种满足感，而且是一种实在的自由和满足。幸福包含了知识，它是理性动物的特权。”① 也许我们很难说出幸福是什么，难以给它一个确定的定义，但是我们知道，人不仅有对物质产品的需要，也有对精神产品、对社会交往、对社会稳定、对亲情、对爱的需要，我们应该还有着精神追求、理想价值、终极关怀、

① 陈学明：《痛苦中的安乐——马尔库塞、弗洛姆论消费主义》，云南人民出版社1998年版，第43页。

审美个性等，这些都不应该被琳琅满目的物质世界所湮没。幸福不仅仅是一种获得、占有和使用商品的满足感，而且是一种真正的自由，是一种通过“自由的自觉”的理性思考所得到的满足感，是人所具有的高度的主动性，能够进行思考、批判、自由创造的一种状态。丰富的物质生活资料只是为实现人的本质和人生幸福提供了必要的手段，但是这种手段还不充分，因为“如果把成功定义为物质生活水平的提高，那么，世界上没有哪种制度比资本主义制度更为成功”①。可是资本主义并不是理想的社会，因为成功并不仅仅等于物质生活水平的提高，除了消费和金钱还有更多美好的东西。在资本主义社会里，人往往被物所奴役，处于一种异化状态，根本谈不上真正的自由和幸福。

可见，幸福跟物质并非成正比，跟消费也没有必然联系。本杰明·富兰克林写道：“金钱从没有使一个人幸福，也永远不会使人幸福。在金钱的本质中，没有产生幸福的东西。一个人拥有的越多，他的欲望就越大。这不是填满一个欲壑，而是制造另一个。”其实，“人类的需要在整个社会中是有限的，并且真正个人幸福的源泉是另外的东西。事实上，社会关系的强度和闲暇的质量——二者才是生活中幸福的决定性心理因素——似乎在消费者阶层中减少的比提高的多”②。

① ［美］莱斯特·瑟罗：《资本主义的未来》，周晓钟译，中国社会科学出版社 1998 年版，第 1 页。

② ［美］艾伦·杜宁：《多少算够——消费社会与地球的未来》，毕聿译，吉林人民出版社 1997 年版，第 26－27 页。

因此，在物质消费领域必须打断“更多”与“更好”之间的联结，使“更好”与“适度”结合在一起，甚至实现“更好”与“更少”的结合，实际上就是“由量的标准转向质的标准”。生态学马克思主义者高兹认为，这种转变是可能的，“只要我们能生产出更多的耐用品以及更多不破坏环境的东西，或者更多地生产出那种每个人都可以得到的东西，那么，消费得越少，但生活得却更好，这就是可能的。只要在消费领域能够实现‘更好’与‘更少’的结合，那么人类就可能进入‘更少地生产，更好地生活’的境界”[①]。他说：“特别是当人们发现更多的并非必然是更好的，发现挣得越多、消费得越多并非必然导向更好的生活，从而发现还有着比工资需求更重要的需求之时，他们也就逃脱了经济合理性的禁锢……当人们认识到并不是所有的价值都可以量化的，认识到金钱并不能购买到一切东西，认识到不能用金钱购买到的东西恰恰正是最重要的东西，或者甚至可以说是最必不可少的东西之时，‘以市场为根基的秩序’也就从根本上动摇了。”[②] 可以说，单纯量的增加并不能必然改善整个人类的命运，只有注重质的标准才能从根本上解决人类获取幸福的问题。这需要变革人的需求结构，要建立一种把消费的质、生活的质放在第一位的需求结构。

① 转引自陈学明：《人的满足最终在于生产活动而不在于消费活动——生态学马克思主义的一个重要命题》，《马克思主义与现实》，2002 年第 6 期。

② 转引自陈学明：《人的满足最终在于生产活动而不在于消费活动——生态学马克思主义的一个重要命题》，《马克思主义与现实》，2002 年第 6 期。

事实上，历史上就有过“更少”与“更好”结合在一起的范例。贝尔克在《第三世界消费文化》一书中就指出历史上曾经存在过物质资料稀缺但是人们的需要也很少的文明形式。他以喀拉哈里沙漠上生活的游牧人为例，虽然他们的生活环境相当艰苦，但是他们想要得到的很少，以致他们可以只为满足基本物质生活需要而相对悠闲地工作，也可以说这是一种“低生产—低消费”，但是人们却相对满足的状况。我们今天的生活感受也可以说明这一点。我们今天的物质生活比我们的父辈都不知道好上多少倍，可是我们的幸福感是不是也相应增加了很多倍呢？现在越来越多的人有这种感觉了：过年时找不到穿新衣、吃饺子的快乐了；过去偶尔下饭馆奢侈一回的幸福被现在太多的“应酬饭”的烦恼取代了；挣的钱越来越不够花了……可以借用经济学的话语说，物质带给我们的幸福感受是遵循着“边际效应递减”的原则。这也正好印证了心理学的研究，这种研究表明：“消费与幸福之间的关系是微乎其微的。更糟糕的是，人类满足的两个主要源泉——社会关系与闲暇，似乎在奔向富有的过程中已经枯竭或停滞。这样在消费者社会中的许多人感觉到我们充足的世界莫名其妙地空虚……”[①]由此看来，今天我们的工作的目标应该要发生改变。工作占用了我们每天的大部分时间，应该不是一味地追求收入，它是我们生活本身的一部分。当然这种改变不是工作越少的时间挣得更少的收入，也不是要我们回到假设的古代的美好

① ［美］艾伦·杜宁：《多少算够——消费社会与地球的未来》，毕聿译，吉林人民出版社1997年版，第6页。

时代。对于许多人来说，时间比金钱更为稀缺和珍贵，如果我们根本没有时间去使用我们支付得到的物品，我们需要的就是更多的休闲而不是更多的收入。选择更多的休闲而不是更多的物品更能获得心理上和生态上的利益，并且更多的闲暇、更健康的身心和更安全与更稳定的生存状态应该成为更多人所追求的幸福目标。

我们今天也看到，即使生活在资本主义条件下，也有越来越多的人自觉地摆脱资本利润目的的束缚，寻求真正合乎人的全面发展要求的生活。比如，“在效率与乡村文明之间，法国保持了文明。”① “绝大多数德国人……宁可与家人共享天伦，也不愿意为了利润和经济效率而牺牲休息时间。”② “在法国或欧洲，没有任何政治团体愿意为了经济效率，让这个制度瓦解。”③ “通过社会保障制度，美国人承诺彼此扶持，就像子女奉养年老的父母一样，整个社会变成一个大家庭。”④ 在这样一个“物质丰盛”的消费时代，人更应当追求一种人性化的生活，这种生活当然不能以饥寒交迫为基础，但也不是以奢侈荒淫为标志。纵然我们可以凭借金钱享受饕餮大餐，享受香车

---

① 理查德·隆沃思等：《全球经济自由化的危机》，应小端译，生活·读书·新知三联书店2002年版，第231页。

② 理查德·隆沃思等：《全球经济自由化的危机》，应小端译，生活·读书·新知三联书店2002年版，第233页。

③ 理查德·隆沃思等：《全球经济自由化的危机》，应小端译，生活·读书·新知三联书店2002年版，第235页。

④ 理查德·隆沃思等：《全球经济自由化的危机》，应小端译，生活·读书·新知三联书店2002年版，第261页。

美宅，但这并不是人生的伊甸园，人应当在解除生存威胁的基础上，相互之间能以坦诚平等相待，能充分发展自己的潜能，能干自己热爱之事，这才是人的全面发展。对于我们来说，简朴的生活意味着花更多的时间注意我们的生活本身，同时花较少的时间注意我们的工作，即把较少的时间用于挣钱，把较多的时间用于关注我们的日常生活。极具中国情结的美国诗人庞德在 20 世纪 30 年代后期曾经对西方文明的弊病大声疾呼："西方需要孔子。"[①] 他对汉字"德"的解释是"直观内心的结果"，因为"德"字右边中间的"四"原是竖起过来的"目"，"目"下则为"心"，这符合"德"字的甲骨文、金文的写法。美国超验主义的代表人物梭罗在其著作《瓦尔登湖》中就推崇一种形式简单、精神极其丰富、回归人的心灵家园的生活方式。欧·亨利的《麦琪的礼物》正是因故事主人公黛拉和吉姆既崇尚时尚消费又保持家庭伦理道德的感人故事而久负盛名。相反，德莱塞的《嘉莉妹妹》则描绘了在光怪陆离的大都市中生存的嘉莉妹妹因为日益膨胀的物欲而迷失了自我，最终坠入极度空虚、极度困惑之境，这从反面警示人们不能在追求或是拥有太多物质中而迷失自我，"更多"并不意味着"更好"。正如生态学马克思主义者所提出的要打破"多"与"好"之间的联系一样，在我国当前的消费领域，也必须树立适可而止、知足常乐的新观念，破除多多益善的旧观念，"要讲究消费的质，大可不必都一味地追求量，实现从量的标

① 参见张弘等著：《跨越太平洋的雨虹——美国作家与中国文化》，宁夏人民出版社 2002 年版，第 159 - 160 页。

准向质的标准的转换。饮食讲营养，生活讲健康，文化讲高品位，环境讲清洁优美……”①

三、“消费带来进步”：对进步的单向度解释

持有消费主义价值观念的人相信：不管自己的消费给人类的环境带来了什么样的后果，至少有一点是值得肯定的，消费带来生产的增长，生产的扩大有利于更多的就业，最终消费能带来社会的进步，否则，“不消费便衰退”。尤其是当发展主义在中国大行其道的时候，其核心是以经济发展作为国家和个人的当务之急，一切政策安排和个人计划皆围绕发展这一中心来部署，即使你不能推动时代的进步，加入了消费也就是参与到进步的潮流之中了。并且，在发展主义意识形态的影响下，很多人也认为经济增长能够实现生活水平的提高、平等的扩大和社会的进步，也就是说，经济增长会导致更多美好价值的实现，消费主义因此更容易深入人心。

事实上，正如当今发展主义已经越来越遭到人们的批判一样，消费主义认为消费带来进步的神话也被越来越多的人所质疑。消费主义将社会的进步等同于经济的增长，而经济的增长便等于 GDP 的增长，这种简单的对社会进步做直线式解释的方式根本是不科学的。

首先，数字的增加并不等于经济的增长。波德里亚曾经指出计算经济增长的方式“不过是一种恶性循环”，因为很多增

① 陈学明：《人的满足最终在于生产活动而不在于消费活动》，《马克思主义与现实》，2002 年第 6 期。

长都是一些补偿性的支出，“这些补偿性的支出，在所有的财务制度中，都是增加的，用于提高生活水平的目的的。不用说毒品、烈性酒的消费以及夸耀性的或赔偿性的各种支出了，更不用说军事预算了，如此等。所有这些，就是增长，就是丰盛”[①]。而我们当前计算 GDP 的方式也是如此。正如有人说，按照经济学的原理，一个人挖洞，一个人填洞，尽管没有创造任何东西，但是增加了国民生产总值。于是，任何生产出来的东西都被当作是积极的，而其中有的是“消极的”财富，是对危害的弥补，是“内部运作花费的代价，是社会不良功能的自我调节费用，以及是在这个总体中起经济火车头积极作用的附属的毫无用途的挥霍浪费部门”[②]。这种增长的唯一的结果就是数字和总结的恶性增长。“这种潜在的体系真理被数字掩盖了，魔术般地相加使得积极面和消极面（买烟和建造医院）的那种令人赞叹的循环特征变得十分模糊。”[③] 因此，所谓的消费带来增长这种计算方式本身就很少将自然资源环境状况考虑在其中，甚至“破坏”在某种程度上反而是成了一种“建设”。

其次，“不消费就衰退”的命题是苍白无力的。消费主义认为消费能带来进步的一个重要的理由就在于消费可以增加就

---

① ［法］让·波德里亚：《消费社会》，刘成富、全志钢译，南京大学出版社 2000 年版，第 21 页。

② ［法］让·波德里亚：《消费社会》，刘成富、全志钢译，南京大学出版社 2000 年版，第 23 页。

③ ［法］让·波德里亚：《消费社会》，刘成富、全志钢译，南京大学出版社 2000 年版，第 23 页。

业机会。客观上看来，消费的增加是有利于更多的人就业，但是社会的发展是为了就业的增加还是人的发展？适度消费与增加就业，哪个目标该优先？如果扩大消费是为了增加就业，显然是本末倒置。一般说来，有能力扩大消费的往往正是消费已经达到标准的人群，如果你的消费刚好恰当，为了别人能就业，你再消费一些。可是增加的消费绝对不是为了满足你的真实需要，甚至对自己的发展毫无益处。所以，如果在消费之前加上“适度”二字，并且如果适度消费是优先目标，我们借助消费来促进就业的空间便将极为有限。就像我们不能为了武器工业的工人充分就业而反对和平、增加战争一样，我们也不能为了那些不必要的（不是为了人的真实需要而生产）的工作而增加我们的消费。事实上，从长远看，随着人类社会的发展，当人类彻底解决温饱后，社会所必需的工作岗位将越来越少，今天意义上的充分就业会越来越显得不必要，各个国家法定工作日和每日工时的缩短正说明了这一点。正如前文指出的，社会发展的理想目标其中一个重要的方面是在更少的生产中实现更好的生活。

最后，经济的增长并不等于社会进步。社会进步应该是全面的、多方位的，不仅在于物的增长，更在于人的发展。单纯的经济目标不是真正的人的需要，多样化的生活才能使人的发展恢复本来面目。消费主义将社会的进步等于经济片面的增长，恰恰是“见物不见人”，将发展的真正核心的内容给去掉了。发展的目标应当从属于另一些目标。这些目标是：“真正地生活，更好地生活”“意味为在理解、团结和同情中生活，在不受剥削、辱骂和歧视的条件下生活”①。经济因素应受到控制，并把人类的和伦理的标准作为目标。也就是发展应该是“人向自身、向社会的（即人的）人的复归，……人和自然界之间、人和人之间的矛盾的真正解决”②。共产主义自由人在物质生产上，“将合理地调节他们和自然之间的物质变换”“靠消耗最小的力量，在最无愧于和最适合于他们的人类本性的条件下来进行这种物质变换。”③

由此可见，尽管消费在社会的发展中具有不可替代的作用，但是，片面地追求高消费不仅不能带来社会的进步，反而会危及人类社会的发展。“消费带来进步”不过是一个虚假的神话。随着对“进步观”的质疑和对发展主义意识形态的批判，消费主义或许也将同诸多有形和无形的因素汇集在一起，最终走向消费时代的终结。

第二节 走向“以人民为中心”的科学消费

“消费主义的本质就是物质主义。”④ 作为资本运行的逻辑结果，消费主义带来的严重后果就是使人从属于物，从属于资本的逻辑，以致严重危及人类社会和人自身的发展。要超越消

① ［法］埃德加·莫林等：《地球祖国》，马胜利译，三联书店1997年版，第115页。

② 《马克思恩格斯全集》第42卷，人民出版社1979年版，第120页。

③ 《马克思恩格斯全集》第46卷，人民出版社2003年版，第928－929页。

④ 杨志华、卢风：《消费主义批判》，《唐都学刊》，2004年第11期。

费主义，必然要将人从“物”中解放出来。为此，在笔者看来，实现对人民群众美好生活的向往，坚持“以人民为中心”的科学消费之路，是我们当前的必然选择。

中国共产党成立以来，一直以为人民群众谋幸福作为自己的初心和使命。党的十八大以来，习近平总书记不断丰富和发展以人民为中心的发展思想。他指出：“人民群众对美好生活的向往就是我们的奋斗目标”“中国梦归根到底是人民的梦，必须紧紧依靠人民来实现，必须不断为人民造福”，要求广大党员干部要时刻认真倾听人民呼声，及时回应人民的期待，努力确保人民平等参与、平等拥有权利，积极维护社会公平正义。要在“幼有所育、学有所教、劳有所得、病有所医、老有所养、住有所居、弱有所扶”上下功夫，民生安排已经覆盖了每个人生命全周期的重要方面，目的是给更平衡更充分发展提供保障，也是更精准、更全面地补齐民生短板，更真实、更持久地增进人民群众的获得感。在党的十九大报告中，习近平总书记明确指出，我国社会主要矛盾已经转化为人民日益增长的美好生活需要和不平衡不充分发展之间的矛盾。这一重大论断为我们党和国家制定大政方针、长远战略提供了极为重要的依据，也为我国建设中国特色社会主义消费文化提供了重要遵循，只有坚持以满足人民美好生活需要为目标的消费才是正确合理的。

与消费主义相反，“以人民为中心”的科学消费首先要求生产必须“以人民为中心”，只有为人的真实需要、为人的全面发展而生产，通过消费才能满足人民群众美好生活需要；

"以人民为中心"的科学消费将凸显人的消费的全面性，注重物质消费与精神消费的平衡，将消费引向积极的精神消费轨道；"以人民为中心"的科学消费还凸显消费的公平性，"以人民为中心"不仅仅是以富人为中心，也不仅是以当代人为中心，无论对富人还是穷人，无论对当代人还是后代人来说，合理消费都是一项最为基本的权利；"以人民为中心"的科学消费在凸显消费的全面性和公平性的同时也凸显了消费的可持续性，是一种可持续消费。

一、坚持"以人民为中心"的生产

生产对消费具有决定作用，有什么样的生产就有什么样的消费，所以，要走"以人民为中心"的科学消费之路，必须坚持生产的"以人民为中心"，也就是说，生产要以人民真实合理的需要为出发点，生产的目的在于满足人民的真实需要，促进人的全面发展。

人类从事一切生产活动从根本上说是为了满足自己的需要。马克思在《资本论》中说，即使像荒岛上的鲁滨孙，不管他生来怎样简朴，他终究要满足各种需要，因而要从事各种有益的劳动。"像野蛮人为了满足自己的需要，为了维持和再生产自己的生命，必然与自然搏斗一样，文明人也必须这样做；而且在一切社会形式中，在一切可能的生产方式中，他都必须这样做。"①人与动物不同在于，除了通过生产创造日益增

① 《马克思恩格斯全集》第46卷，人民出版社2003年版，第928页。

多的物质财富和精神财富之外，人的需要就无法直接得到满足。从这个意义上说，需要是生产的目的，没有需要就没有生产。同时，对于生产与消费的关系，马克思明确指出，生产对消费具有决定作用，生产生产着消费："它为消费提供材料，对象。消费而无对象，不成其为消费；因而在这方面生产创造出、生产出消费。"① 并且生产为消费创造的不只是对象。"它也给予消费以消费的规定性，消费的性质，使消费得以完成。"② 也就是说，有什么样的生产，就会有什么样的消费，生产什么就可能消费什么。但是，并非一切社会的任何生产都是以满足人民的真实需要为目的的，即使通过消费，人民的需要也未必得到满足。

在资本主义的生产条件下，"进行生产的资本的目的，绝不是使用价值，而是作为财富的一般形式"③。由于社会劳动的分配是根据资本主义的价值法则的隐晦的必然性进行的，因此，生产与消费之间，劳动与享受之间的合理关系没有建立起来。满足是作为被接受的偶然性出现的。而生产的动机不过是交换价值的增值也就是剩余价值的最大化罢了。为此，正如前文指出的，为了追求利润，不断制造出"虚假需求"，并且将这种"虚假需求"置于真实需求之上，致使人们的真实需要无法实现。这是因为"一旦经济主义主宰了技术，利润取得了核心的地位，商品的生产就不再受到消费者的当前需要的支

① 《马克思恩格斯选集》第2卷，人民出版社2012年版，第692页。
② 《马克思恩格斯全集》第30卷，人民出版社1995年版，第33页。
③ 《马克思恩格斯全集》第30卷，人民出版社1995年版，第603－604页。

配。相反，需要是为了商业性原因而通过广告创造出来的，技术的产品甚至不经人们的追求而强加于人们”①。以至于弗洛姆在其著作《占有还是存在》一书中，明确地指出了生产目的对消费性质的决定作用：“只有当我们能够断然制止大企业家的股东和董事会根据赢利和扩张来决定生产的权利时，才可能有健康的消费。”② 也就是说，在资本主义社会，生产表现为人的目的，财富表现为生产的目的。由于生产对消费的决定作用，不为需要而生产，必然使需要、生产、消费之间处于相互脱离的状态，在这种情况下的消费，不可能是一种科学的、合理满足自我需要的消费，“以人民为中心”的消费根本无从谈起。

社会主义社会的生产目的就是为了满足人民群众对美好生活的向往。社会主义市场经济应该是最大限度地满足整个社会日益增长的美好生活需要的经济，也就是“以人民为中心”的经济。尽管我们当前也是市场经济，但是市场经济的社会主义性质决定市场生产的目的除了利润，还必须满足人们的真实合理需要，那些为满足一部分人的畸形需要而生产或服务、为获取高额利润链而走险的行为是与社会主义生产的根本目的格格不入的。它对人的全面发展毫无益处，与科学健康消费背道而驰，党和政府对之是严加制止的。当前，对于我国大多数支付能力较低的城乡居民来说，其对生活必需品的需要远远超过

① 舒尔曼：《科技时代与人类未来》，东方出版社 1995 年版，第 359 页。

② ［美］埃里希·弗洛姆：《占有还是存在》，李穆等译，世界图书出版公司 2015 年版，第 167 页。

对奢侈品的需求。与提供某些奢侈品的生产相比，生产生活必需品获得的利润并不丰厚甚至没有利润，但是，对于社会主义市场经济来说，获取利润并不是其唯一的目的，比之更为根本的是要以人民的需要为出发点，并且首先满足人民群众最基本最迫切的需要。当前，在我国居民的消费中，住房、教育和医疗等支出占据了很大的分量，尤其对于经济收入较低、抗风险能力较差的居民来说，是一种沉重的负担。

习近平总书记指出："人民对美好生活的向往，就是我们的奋斗目标。人世间的一切幸福都需要靠辛勤的劳动来创造。我们的责任，就是要团结带领全党全国各族人民，继续解放思想，坚持改革开放，不断解放和发展社会生产力，努力解决群众的生产生活困难，坚定不移走共同富裕的道路。"① 总之，"以人民为中心"的生产其全部内容在于从人的最真实最迫切的需要而不是从人的"虚假的需求"出发，把人作为主体，以人的全面发展为理论依据，以改善和提高人的生活质量为实现条件，以人的素质提高和能力发挥为最终目的。如果一切生产都是"以人民为中心"的生产，消费主义的存在也就没有了现实根基，"以人民为中心"的科学消费便将成为可能。

二、凸显消费的全面性

科学消费首先必须满足人民最基本、最迫切的生活需要。目前在我国贫富差距较大、总体生活水平还不高的情况下，这

① 《习近平谈治国理政》第1卷，外文出版社2018年版，第4页。

一点尤为重要。但是，人的需要具有丰富性和全面性，消费也就具有更为丰富的内涵，“以人民为中心”的科学消费除了满足人的最基本的需要外，还必须凸显人的需要的全面性，也就是说应该力图满足“人民的一切合理需要”。

人是物质与精神的二元统一体，人不仅有物质需要，还有精神需要，并且后者是人之为人的根本特征之一，人的超越存在的本性才使人成其为人。所以，满足人的精神文化需求的重要性一点也不亚于通过有形的物质消费过程对人的生理需求的满足作用，精神文化消费是呈现在人们内心中的一种精神快感与情绪体验，具有愉悦身心、健全心智的功能。“消费的活动应该是一个具体的人的活动，我们的感觉，身体的需要，我们的美学欣赏力应该参与这一活动。也就是说在这一活动中我们应该是具体的、有感觉的、有感情的、有判断力的人；消费的过程应该是一种有意义的、有人性的、有创造性的体验。”①消费原本就应该通过使用和享用资料去创造出“同人的本质和自然界的本质的全部丰富性相适应的人的感觉”②。也就是说，人的消费应当能够使人实现体力、智力、情感力、意志力以及社会素质、精神素质、心理素质等能力与素质的综合发展与提高，使人在消费中充分而自由地提升自己的才智与创造力，获得自由个性的发展和精神上的愉悦和满足，消费的根本目的是要实现人全面而自由的发展。

---

① ［美］艾里希·弗洛姆：《健全的社会》，欧阳谦译，中国文联出版公司1988年版，第134页

② 马克思：《1844年经济学哲学手稿》，人民出版社2000年版，第87页。

鉴于人们受消费主义的影响导致过分注重物质消费、物质需要与精神需要严重失衡的情况，采取强行限制物质消费的方法是不可取的，因为“主张禁欲主义是反文明的，而限制某些物品的消费主体的范围是反平等的”[①]。使人们消费活动的指向发生转变，即走向积极的精神消费轨道，把对单纯的物的占有和挥霍转向注重对精神的追求和享受，是走向“以人民为中心”的科学消费之路的必然环节。并且“消费活动的这种转向既是可能的，也是必要的；既是合乎逻辑的，也是合乎人性价值的”[②]。前面我们提到，当今消费主义的一个重要的表现形式就是注重“符号消费”，消费的重心正从物质形态的商品转移到非物质形态的商品，正是消费领域发生的这种变化，消费的象征意义凸显出来，也就是说消费朝着精神化与审美化的方向发展，这为摆脱片面的物质消费，使消费发生精神性的转向提供了契机。“当扑面而来的广告将新奇、珍贵、浪漫、美好等价值附加于普通的消费品之上的时候，我们如果从另一个角度来理解广告，也找到消费发生精神转向的一种契机。”[③] 只有发挥消费在提高精神素质方面的作用，才能培育出具有高尚情操、创新意识、科学观念的现代性的人格。

需要指出的是，同物质消费相比，精神消费是较高层次的

---

① 韩震：《论商品记号的价值取向的转换——关于消费活动精神性转向的哲学思考》，《哲学研究》，2006 年第 10 期。

② 韩震：《论商品记号的价值取向的转换——关于消费活动精神性转向的哲学思考》，《哲学研究》，2006 年第 10 期。

③ 韩震：《论商品记号的价值取向的转换——关于消费活动精神性转向的哲学思考》，《哲学研究》，2006 年第 10 期。

消费活动，对精神产品的消费，不仅要求消费者具备经济上的消费能力，还要求消费者具备必要的艺术鉴赏能力、心理承受能力等文化修养和素质方面的能力，这就要依赖于消费主体素质的全面提高。马克思早就指出：“因为要多方面享受，他就必须有享受的能力，因此他必须是具有高度文明的人。”① 愿意欣赏艺术的人首先必须是一个有艺术修养的人。“对于没有音乐感的耳朵来说，最美的音乐也毫无意义。”② 他在谈到由必然王国向自由王国飞跃时指出，在这个必然王国的彼岸，作为目的本身的人类能力的发展，真正的自由王国，就开始了。这就必须加强“人类能力的发展”，提高人的政治思想素质和科学文化素质，使其成为“具有高度文明的人”。我国现代化建设的进程，在很大程度上取决于国民素质的提高和人才资源的开发。只有人的素质提高了，才能提高消费力，提高消费中的文化含量，促进消费文化的发展。而且可以“培养社会的人的一切属性，并且把它作为具有尽可能广泛需要的人生产出来——把它作为尽可能完整的和全面的社会产品生产出来”③。而我们看到，一些文化素质低而收入高的消费者往往更偏向于物质的高消费，并容易对社会产生一种负面示范效应。消费者的素质提高还需要改善收入分配结构，加速发展科学技术和文化艺术等事业，加强对消费者的教育，使消费者具备消费精神产品的各种能力，此外，也要为消费者提供丰富多彩的精神

---

① 《马克思恩格斯全集》第30卷，人民出版社1995年版，第389页。
② 《马克思恩格斯全集》第42卷，人民出版社1979年版，第125页。
③ 《马克思恩格斯全集》第30卷，人民出版社1995年版，第389页。

产品。

我们还要看到，需要是历史范畴，随着生产力的发展，人类社会的不断进步，人的需要将不断丰富和更加全面。恩格斯曾指出："人类的生产在一定阶段上会达到这样的高度：能够不仅生产生活必需品，而且生产奢侈品（即我们说的提高生活质量……）这样，生存斗争就变成为享受而斗争，不再是单纯为生存资料而斗争，而是也为发展资料，为社会的生产发展资料而斗争，到了这个阶段，从动物界来的范畴就不再适用了。"①列宁就曾提出过"需要增长的规律"，表明随着社会历史条件的变化，需要在质量上越来越高，在数量上越来越多；最基本的需要获得满足后，高层次的需要便更加强烈。随着我国改革开放的不断深入，我国进入全面建设小康社会的阶段，人民对生存资料需要的迫切性日趋下降，而寻求享受、发展的需要则日益增强，人们的生活由"生存型"向"享受型""发展型"升级，人民群众的需要日益呈现出丰富性和多样性。②"人所需要的不仅仅是更多的物质用品，而是更多的自由，更多的自主，更多的创造性的出路，更多的生活愉快的机会，更多的自愿的合作，而少些非出于自愿的为他人的目标而服务。"③ 人们的需要不仅仅限于单一的物质生活需要，还有社会交往需要、安全需要、被尊重和爱的需要、自我实现的需

---

① 《马克思恩格斯全集》第34卷，人民出版社1972年版，第163页。

② 韩震：《论商品记号的价值取向的转换——关于消费活动精神性转向的哲学思考》，《哲学研究》，2006年第10期。

③ ［英］罗素：《社会改造原理》，上海人民出版社1959年版，第21页。

要，等等。当前人们对民主的行使范围和方式、对依法治国、政治体制改革等也提出了更高的需求；人们对教育文化、保健医疗等公共服务需要不断上升；人们对居住环境、自然生态的保护更加关注。也就是说，人民群众日益增长的物质文化需要要求社会的经济、政治、文化协调发展、全面进步。前文提到，习近平总书记对人民群众美好生活的内涵的表达，如人民期盼有更好的教育、更稳定的工作、更满意的收入、更可靠的社会保障、更高水平的医疗卫生服务、更舒适的居住条件、更优美的环境等。这种对美好生活极具亲和力的通俗表达，恰好契合了历史唯物主义需要观的三重含义，是对历史唯物主义的新阐释。美好生活也有三个指标：一是要有足够丰富的物质生活资料，如稳定的工作、满意的收入、舒适的居住条件。这是解决老百姓的吃穿住行，满足基本的物质生活需要，使人摆脱自然的压迫，做自然的主人。二是要有平等和谐的社会关系，如更可靠的社会保障。它是体现社会的公平与正义，并保障在美好生活的行进路上一个都不能少，建立良好的社会关系。这是满足人社会安全的需要，使人摆脱政治的奴役，做社会的主人。三是要有精神的愉悦和舒畅，如更好的教育和更高的精神文化需求。这是摆脱自己思想的奴役和压迫，实现思想解放，做思想的主人。

只有全面的需要得以满足，人的全面发展才能实现。在“同传统的观念实行最彻底的决裂”后的“以每个人的全面而自由的发展为基本原则”的共产主义社会中，人的个性无论在生产上和消费上都是全面的，“即不以旧有的尺度来衡量的人类全部力量的全面发展成为目的本身，在这里，人不是在某一种规定性上再生产自己，而是生产出他的全面性；不再力求停留在某种已经变成的东西之上，而是处在变易的绝对运动之中"①。这也就是说，共产主义自由人追求的是"全面而自由的发展"即实现"自由个性"，而不是把物质生活享受作为人生追求的目标。这是在保证一切社会成员有富足的和一天比一天充裕的物质生活的同时，还需要保证他们的体力和智力获得充分自由的发展和运用。全面而自由的发展要求人具有不断超越当下、超越自我的自觉意识与创新精神，要求人们在消费中生产出完善而健全的精神生活，实现人的肉体与精神、个体与社会的同步协调发展，使消费活动真正成为人存在的自由性、全面性特征的手段而不是目的。

国际社会通常把区域文化消费水平的高低作为衡量该区域社会文明发达程度的重要标志。② 因而，社会主义社会的生产不仅应该创造丰富的物质产品，同样也应该创造出众多能满足人们需要的精神文化产品，推动由物质满足的享受型消费向精神关怀的发展型消费转型升级。③ "以人民为中心"的科学消费，注重人的需要和消费的全面性，不仅要通过外在物质条件的丰富来增强人的身体功能的完整，使人的生命存在乃至健康状况得到有效保障，同时要通过精神文化产品的消费来充实人

---

① 《马克思恩格斯全集》第 30 卷，人民出版社 1995 年版，第 480 页。

② 张凤莲、靳雪：《消费文化治理及其多维路径探析》，《东岳论丛》，2020 年第 11 期。

③ 韩喜平：《消费主义思潮泛起的成因及引导》，《人民论坛》，2021 年第 4 期。

们的内在精神世界，使人们在诸如思想道德、科学文化素质等精神领域内能够自由发展，达成人的智力与心灵的健全。

三、凸显消费的公平性

前面指出，消费主义威胁社会的共享发展，其中一个最为关键的原因就是消费不公加剧了社会冲突。与消费主义引导下的消费模式相反，“以人民为中心”的科学消费必须凸显消费的公平性，促进公平消费，这不仅是为了克服消费主义的负面影响，同时也是实现共享发展，促进共同富裕取得实质性进展的必然要求。

在社会主义核心价值观中，公平正义属于社会层面的基本内容。追求公平正义，是人类社会发展的进步价值取向，是现代社会进行制度设计和制度创新的重要依据，习近平总书记指出：“要以促进社会公平正义、增进人民福祉为出发点和落脚点，加大协调各方面利益关系的力度，推动发展成果更多更公平惠及全体人民。要完善和落实维护群众合法权益的体制机制，完善和落实社会稳定风险评估机制，预防和减少利益冲突。”①

1948 年 12 月 10 日联合国大会通过的《世界人权宣言》中规定：“人人生而自由，在尊严和权利上一律平等。”“任何人都有为他和他的家人的健康和幸福而得到相应的生活标准的权利，这包括食物、衣服、住房、医疗和必要的社会服务；在

① 《习近平谈治国理政》第 1 卷，外文出版社 2018 年版，第 88 页。

遭到失业、疾病、残废、守寡、衰老或在其他不可能控制的情况下丧失谋生能力时有权享受保障。”消费是直接关系着人们现实物质利益的活动，消费权是人权的重要内容，人们对消费权利的追求与满足有着其价值上的合理性。但是在现代社会条件下，由于人的能力、体力、智力以及机遇的差异，人与人之间是会有差别的，即使如此，也不能认为这就是天经地义的，是永远的权利，恰恰相反，这是动物社会的权利和游戏规则。人之所以为人，就在于人的崇高理想是让人的生存超越人的天然差别，让每个人都能各尽所能地发展和实现自我，都能充分享受社会的文明成果，这也是以共享发展为归宿的社会主义社会追求的境界。在美学上，黑格尔有一个著名的命题——“每个人都是一个世界”，他的本意是说艺术要充分展示每一个人的丰富的内心世界，但我认为可以延伸理解为人与人的价值是相等的。黑格尔的命题提示我们，在一个充满公平正义的社会，每个人的权利都是一样的，无论多么弱势的人，他也和我们一样是一个完整的世界。如果“以人民为中心”将他们排除在外，他们就可能让我们出局。“以人民为中心”的科学消费，就是要扬弃那种只关注少数人的利益、需要的狭隘视野，要在珍惜每一生命个体为底线的基础上，将最广大人民群众的根本利益作为自己的理论目标和实践方针，要避免掉入“以个人为本”“以少数人为本”的狭隘之中。也就是说，科学消费的“以人民为中心”，不仅是以富人为中心，穷人也有消费的基本权利，富人的消费不能建立在穷人的痛苦之上，每个人的消费实践不能侵害他人的消费能力与生存和发展的潜力，这可谓代内消费公平；同时，“以人民为中心”也不仅是以当代人为中心，现在的消费不能以损害未来的消费能力为代价，应该留给子孙后代更宽广更自由的生存和发展空间，这可谓代际消费公平。消费公平的目标对消费主体提出了客观要求。从认识上来说，消费公平要求消费主体明确到消费不仅仅是个人的私事，因为自然对人具有优先性、客观性和不可或缺性，并且自然界的承受能力是有限的，个人的消费对同时代的他人以及后代人都会产生影响。从行动上看，消费公平要求消费者从保护共同的消费环境出发，自觉地约束自己的消费行为，节约资源、保护资源和最优化利用资源，杜绝浪费和避免对生态环境的破坏，在生态—经济—社会相互协调的基础上，在不突破资源与环境承载能力的条件下，合理消费、科学消费。正如联合国环境署在《可持续消费的政策因素》报告中提出来的：“使自然资源和有毒材料的使用量最少，使服务或产品生命周期中产生的废物和污染物最少，从而不危及后代需求。”从这个意义上说，“以人民为中心”的科学消费在凸显消费的公平性的同时，也就凸显了消费的可持续性。

当然，仅仅从理论上倡导消费公平是不够的，“要真正实现消费的公平，不能单纯寄期望于居民，还需要政府通过特定的政策措施来降低政府和企业的储蓄率。政府应该更多地进行提供公共产品和公共服务的消费，改善公共产品和服务的供应，缓解当前公共品供应不足的突出社会矛盾。企业也应该将更多的‘未分配利润’用于转移到居民或者政府的支出，而不是将其统统都用于投资”[①]。政府还应该通过制定相关法律法规为公平消费提供制度保障。在党的十七次代表大会上，将初次分配也要体现公平提上日程，意味着广大低收入者的收入增长提速，有利于缩小令人不安的贫富差距，提高低收入群体的支付能力和利用社会资源的能力，真正实现消费公平，发展是为了满足“一切人民的需要”，发展的成果该由全体人民共享。无疑，这为真正实现消费公平提供了有力的政策支持。

但是，需要指出的是，凸显消费公平的科学消费并不是强调消费的“整齐划一”、无差别的“同一性”，简单化的“一”必然消解多样性，导致个体性、独立性的丧失，最终会限制人的发展。“以人民为中心”的新时代中国特色社会主义消费文化既强调人的消费方式要符合社会规范，个人的消费要与资源环境利用相协调，与社会发展相适应，同时也给个体以更多的选择自由，鼓励人们通过不同的消费方式实现自我个性的发展，追求自己的美好生活。对个人来说，只有在实现与他人、社会的共享发展中去消费，并能以友爱、互助、公平的方式与他人共享社会资源，其消费行为才是健康合理的。同时，个人优化与美化自己的生存条件与生命质量，可以创造全社会的文明消费环境，为实现“以人民为中心”的科学消费开辟道路。

① 廖进中：《公平消费与消费公平》，《消费经济》，2006 年第 4 期。

第三节　构建中国特色社会主义消费文化

当前，中国特色社会主义进入了新的发展阶段。久经磨难的中华民族自近代以来实现了从站起来、富起来到强起来的历史性飞跃，社会主义在中国焕发出强大生机活力并不断开辟发展新境界。2020 年，中国进入了全面小康社会，我国的人均 GDP 已经超过了 1 万美元，中华民族彻底摆脱了绝对贫困。我国居民的消费能力、消费水平与消费结构、消费满足层次都已经达到甚至超过了小康水平。我国居民的消费需求非常旺盛，消费规模持续扩大；居民消费已经超过衣食无忧的小康生活水准，物质消费有保障，精神消费快速增长；温饱等生存方面的消费需求占总需求的比重正在下降，人们开始把收入用于发展型消费，消费层次已经达到了自我发展的要求。正因为如此，如果没有一种与之相适应的消费文化，消费主义便可以“乘虚而入”，所以，构建新时代中国特色社会主义消费文化是超越消费主义的必然要求。

我们认为，新时代中国特色社会主义的消费文化应该是在全球消费文化发展的总体框架下，在对中国传统消费文化批判继承的基础上，结合我国现实，在传统与现代交替与更新中、在中国与西方交流与融合中、在现代与后现代的碰撞与更迭中构建的具有中国特色的合理的消费文化。与消费主义导致人与自然冲突、人与人之间不公平、人与自身不和谐不同，这种文化是一种实现人与自然和谐共生、人与人之间共享社会财富、人的身心健康的消费文化。在新时代新的发展理念的引导下，实现价值观、消费观的根本变革，从根本上提高人的素质，培育节约环保、文明适度、健康合理的消费观念和消费方式，从而超越消费主义。可以说，研究消费文化的目的是要从理论上提供能够不断丰富人的精神世界、增强人的精神力量的先进消费文化。中国特色社会主义消费文化则是指将“以人民为中心”的消费理念贯穿于相关的消费文化和消费活动之中，以倡导、研究、阐释、传播、实施、奉行满足人民美好生活需要的消费理念为主要内容，并以此引导人们树立正确的消费价值观念与消费模式，促进整个社会共享发展的文化形态、文化现象和文化性状。从内容上看，它包括消费价值观念、消费模式等存在方式；从性质上看，它是科学、健康、文明的消费文化，其核心是合规律性与合目的性的统一，人与自然、人与人和谐的统一，社会选择与个人选择的统一，物质消费与精神消费的统一。从理论根基上看，这种消费文化是以社会主义制度为基础，以马克思主义为指导，坚持社会主义核心价值观，坚持“以人民为中心”，立足现实，面向时代，面向人民大众，与中华民族悠久深厚的消费传统相承接，与新时代中国特色社会主义相适应的思想文化形态；从理论归宿上看，其最终目的是引导人们树立合理的消费观念，促进人的全面发展，在全面建成小康社会的基础上向“第二个百年”奋斗目标不断前进。

构建与新时代中国特色社会主义相适应的消费文化，一是要发掘中华民族传统文化的现代价值，二是要发挥社会主义主流意识形态的导向功能，三是要发挥大众文化的整合功能，四是要积极利用大众传媒的塑造功能。

一、坚持以五大发展理念引领消费文化建设

我国的消费文化建设亟须正确的理念引领。党的十八届五中全会提出创新、协调、绿色、开放、共享的五大发展理念，作为一种顶层设计，为我国消费文化建设提供了新的思路。

第一，以创新发展理念引领建设充满活力的消费文化。创新作为人特有的实践活动，是主观能动性的表现，是我们解决既有问题、开创新局面的核心手段。马克思指出："通过实践创造对象世界，即改造无机界，证明了人是有意识的类存在物。"[①]党的十八届五中全会提出，要让创新贯穿党和国家的一切工作，让创新在全社会蔚然成风。以创新发展理念推动建设新型消费文化，使消费文化更具活力显得尤为重要。

创新消费理念是消费文化建设的首要任务。消费文化对人们产生重大而深远的影响，而消费理念又是消费文化重中之重。建设新型消费文化必须从创新消费理念做起。首先，从"物质至上"到"关注人的本质"的消费理念的转变。沉浸于物质消费中的人所能得到的满足是短暂的、瞬息即逝的，随之而来的是无尽的空虚。物质至上的消费理念造成人的异化，而关注人的本质发展的消费理念则有利于人的全面发展。其次，从"占有"到"使用"的消费理念的转变。以占有物质的多

① 《马克思恩格斯全集》第42卷，人民出版社1979年版，第96页。

寡区分社会地位高低的观念是消费社会的一种病态，也是当前我国消费领域存在的问题。正如弗洛姆所说，我们的目的是有价值的存在，而不是占有价值。[①] 因此，必须通过消费理念的创新，关注物质的使用而不是占有，还原物品真实意义。最后，从“人类中心主义”到“人与自然和谐共生”的消费理念的转变。随着社会生产力的提高及人口爆炸性的增长，造成了对自然的过度开发，有限的地球资源迫切需要消费理念向保护生态自然的转变。

创新消费方式是消费文化建设的关键所在。在长期的消费生活中，受消费主义以消费对象是否稀有及消费的多少来判定消费者地位高低的影响，人们已经形成这样一种消费方式，类同资本主义社会市场专注于竞争的消费方式。这种竞争型的消费方式不仅阻碍人与人之间平等享有社会财富的实现，而且正是由于追逐大量消费而破坏生态环境，导致代际不公。为此，创新消费方式从而引导人们的消费行为迫在眉睫。一是借助互联网、移动通信设备，形成共享消费方式，引导人们的消费行为从竞争自利向协作互利转变。二是形成科学生态消费方式，引导消费行为从满足自我物欲向关注全人类福祉转变。

创新消费大环境是消费文化建设的重要环节。人创造环境，同样环境也创造人。消费环境作为消费文化的组成部分，在消费文化的建设中必须对其加以重视。目前，我们要培育的良好消费环境绝不是人人贫穷，而是通过中华民族勤俭节约的

① ［美］埃里希·弗洛姆：《爱的艺术》，朱蓉贞、林和生等译，四川人民出版社1986年版，第96页。

传统美德与人民生活水平提高的社会现实相结合，重塑健康的社会认同。在全国范围内形成科学消费氛围，使正确消费成为人们自觉的行为，建成新型消费文化。打破消费主义构筑的所谓消费等价于幸福的虚假泡沫，使人们通过自由地创造找到消费之外真正热爱的东西，找到真正的幸福。

第二，以协调发展理念引领建设物质、精神协同发展的消费文化。正如前文所述，消费主义导致人的消费异化，致使人的片面发展，消费文化的健康发展要求协调物质消费与精神消费，使人们的生存需要在得到满足的同时，又能获得享受和发展，成为物质丰裕、精神富有的人。

摆脱商品对人的奴役，促进精神消费与物质消费协调发展。消费主义沉醉于物欲的追求，片面且无节制，把消费当作人生的目标和衡量人生价值的尺度，这与马克思把物质生产实践看作生成人的类本质的说法是相背离的。虽然马克思从不否认消费的重要性，但其只是满足人的需要的手段而绝不是目的，实现人的自由全面发展才是我们所要追求的最终目标。人是一切社会关系的总和，人的本质的实现有赖于创造性的劳动生产，绝非依托物欲消费。因此，我们应当在协调发展理念的指导下，通过劳动创造出“同人的本质和自然界的本质的全部丰富性相适应的人的感觉”①，摆脱商品对人的奴役，走出消费主义的泥潭，立足于人的真实的需要，确立物质消费与精神消费平衡发展的消费观，实现人生的真正价值与意义。

---

① 《马克思恩格斯文集》第1卷，人民出版社2009年版，第192页。

提高物质产品中的文化含量，促进消费结构优化升级。消费的客体即消费品从生产中来，倘若脱离消费品，消费就无从谈起。从这个意义上来说，生产生产出消费。可见，生产是消费的前提，决定消费的对象和性质。把握好生产环节中产品的质量，是协调物质消费与精神消费的有利前提条件。鼓励精神文化产品的生产，在物质产品中加入健康有益的文化成分，更加注重消费产品的质量而不是数量，避免纯粹物质化生产。通过产业生产的优化升级推动消费结构的优化，使人们从过去的重视消费数量向重视消费质量转变。这必将在较高程度上促进人的素质的提升，从而达到马克思所说的“在这个必然王国的彼岸，作为目的本身的人类能力的发展，真正的自由王国，就开始了”[①] 的精神自由。

第三，以绿色发展理念引领建设人与自然和谐共生的消费文化。马克思早就做出判断：“工人们一旦离开自然界和感性的外部世界，那他们就什么也创造不了。”[②]由此可见，自然界是人类存在和发展的前提。消费主义致使人们为追求自身的享乐而肆意地消耗物质财富和自然资源。因此，要在绿色发展理念的指引下建设人与自然和谐共生的消费文化。绿色消费观念体现了人们消费层次的跃升，将线性消费转化为理性消费，增强国民的生态意识，实现个体真正的自由而全面发展。[③]

---

① 马克思：《资本论》，人民出版社 2004 年版，第 926 – 927 页。

② 马克思：《1844 年经济学哲学手稿》，人民出版社 2000 年版，第 53 页。

③ 张书洋、马天鑫：《我国消费文化的现实维度解析》，《学术交流》，2019 年第 9 期。

发挥教育宣传功能，让绿色消费成为新的消费选择。绿色消费是指消费对象绿色环保，有助于人身体健康；消费过程重视回收利用废弃物；消费观念符合健康、环保及可持续发展要求的消费，是人与自然和睦相处的消费方式。教育是根本，当前要使大众认可，让绿色消费成为新的消费选择，就要积极发挥教育宣传功能。一方面，通过教育手段培育绿色消费理念。从家庭到学校再到社会都要全方面开展消费理念引导教育。家长对孩子的影响深远，因此要以身作则，在家庭范围内养成勤俭节约的消费观；同时在国民教育体系中加入绿色消费理念教育的内容，以活跃多变的教学形式帮助培育低碳、健康、环保的消费理念。利用教育功能将正确的绿色消费观念传输给大众，使绿色消费成为本能。另一方面，依托现代网络技术和互联网平台，发挥社会舆论正面宣传作用，以公益广告等形式向大众宣传绿色消费对消费者自身健康及生态环境保护的重要性，培养消费者消费安全意识和社会责任感，引导消费者做出绿色消费选择。

用规章制度与道德规范促使人们养成绿色消费的习惯。使制度的权威性内化于心，用道德的力量感化人们，逐渐促使其在日常生活中养成良性的绿色消费习惯。在资本主义条件下，由于资本对剩余价值的追逐，不断且疯狂地进行过量生产，浪费自然资源，使环境遭到严重破坏。在我国，自然资源属于公共资源，国家和政府应通过制定有关资源保护的法律法规，让环境保护关涉价值利益的获得，为实现绿色消费提供他律性保障。在技术环节中，严格把关，引导既满足人类生存需求又顺应生态学规律的适用技术应用，避免因技术过度使用而危害生态环境。在生产环节中，对于在生产中破坏自然环境的企业加强惩处，对低碳、环保生产企业加以鼓励，给予税收上的优惠。据此引导企业生产行为，为大众提供绿色消费品。在消费环节中，一方面，针对特定的破坏环境和浪费资源的消费行为进行管制，征收消费税；另一方面，使道德规范发挥自律性功能。绿色生产生活方式和消费习惯的养成，有赖规章制度的约束，但关键还在于每个人以道德规范为尺度进行自我约束，对自身的行为进行反思和重新选择，形成绿色消费观念。法律杠杆和道德杠杆同时起作用，在有益于人类健康和自然生态环境的前提下，开展理性适度的消费、绿色环保的消费，从而实现人向自身、向社会的人的复归。

良好的生态环境是最普惠的民生福祉。今天，人们对良好生态环境的期盼已成为美好生活需要的重要组成部分。党的十八届五中全会提出了包括绿色发展理念在内的五大发展理念，党的十九大报告进一步强调生态文明建设，将“美丽”二字写入社会主义现代化强国目标，将“坚持人与自然和谐共生”作为建设中国特色社会主义的十四条基本方略之一。党的十九届四中全会明确提出：“走生产发展、生活富裕、生态良好的文明发展道路，建设美丽中国。”以上足见党和国家建设良好生态环境的决心。面向人本化可持续发展的人类未来，全球社会公民逐渐在实践绿色消费，期许在美好生活的实践归旨上达成一种公共性的共识。① 但是当前在我国的消费中，大量暂时性的和一次性商品消费造成资源的极大浪费和环境的严重污染；为了追求商品外观美感和符号象征价值，过度的产品包装造成大量的资源浪费等。从自然资源的总体水平看，我国资源总量大，但人均占有量低。面对人口过多、资源短缺和环境压力大的国情，要想有效地节制资本，实现生态正义，建设生态文明，仅有社会主义的根本制度是远远不够的，还必须建立一套能够切实保护生态环境的体制机制，包括严格的环境立法、完善的环境监管体制以及生态修复、补偿机制等。总之，绿色发展是中国特色社会主义道路的必然选择。

可见，在消费文化的建设中，我们要树立尊重自然、顺应自然、敬畏自然、保护生态的发展观，坚持人与自然和谐共生，让宁静、和谐、美丽的自然生态美景永驻人间。就消费方式而言，我们要走节约的、可持续的消费之路，要倡导绿色低碳环保消费，坚持健康合理的适度消费，处理好节约与消费的关系，以合理地调节人与自然之间的物质变换，“把它置于他们的共同控制之下，而不让它作为一种盲目的力量来统治自己；靠消耗最小的力量，在最无愧于和最适合于他们的人类本性的条件下来进行这种物质变换”。

第四，以开放发展理念引领建设兼容并蓄的消费文化。在全球化的今天，世界已经打破了地域的界限联结成一个整体，

---

① 王鑫、袁祖社：《绿色消费与美好生活内在耦合的实践与价值逻辑——现代性“消费社会”的深刻危机及破解》，《湖北大学学报（哲学社会科学版）》，2019 第 2 期。.

无论在哪一个领域，故步自封就意味着自取灭亡。消费文化必然也无法孤立地实现发展，因此，以开放发展的理念推动消费文化的发展，又充分借鉴外来文化的积极因素。不同地域形成不同文化，各地区文化在不断交流、摩擦及融合的过程中得到升华发展，从而产生优秀文化。消费文化作为文化的一种，也是在与外来文化碰撞、交流中完善的。正如产生于西方国家的超前消费是在消费者现有消费能力之上对享受资料和发展资料的消费，尽管超前消费极易演变为一味追求物质享受的过度消费，也给社会诚信带来挑战；但不可否认适度的超前消费在一定程度上拉动了社会经济的发展，使消费领域得到扩大，人们的生活质量得到提高。又如兴起于国外的绿色消费因其有利于保护生态环境而在二十一世纪成为各国的消费选择。因此，我们要理性应对外来消费文化的积极和消极影响，以开放发展理念为指导，结合我国现实情况，吸收外来消费文化中积极向上、有利于实现人的全面发展的因素，不断加以丰富和完善，使消费文化与自然环境相协调、与社会环境相适应。

第五，以共享发展理念引领建设和谐共享的消费文化。未来社会的蓝图，即在新的社会制度下，实行各尽所能、按需分配，社会财富全民共享，每一个人都可以全面自由发展。这是马克思主义的理论旨归，也是中国特色社会主义的本质要求。经过改革开放四十多年的发展，我国居民收入和物质生活水平得到了极大的提高。但是，城乡之间、行业之间收入差距大，并且有日益严重的趋势。收入差距导致消费能力不一，以至于中国的消费呈现出“前现代、现代、后现代”相交织的景象，这也是一种消费不公平的表现。只有让全体公民共同分享社会发展和进步的成果，弱化甚至消除社会不平等，才能促进国家进步，促进共同富裕取得实质性进展，使社会成为一个自由、民主、平等、公正的社会。

树立共享理念，推动和谐共享的消费文化建设。在一些人看来，消费是个人的行为，花自己的钱，跟别人无关。殊不知，消费不仅是个人的行为，而且也是一种社会行为。一方面，资源是稀缺的，我们只有一个地球，每个人的消费都不仅消耗资源，而且影响环境，这必然影响他人生存、发展和享受等需要的满足。此外，当代人对资源的过度浪费和破坏环境还会影响下一代人，产生代际不公。另一方面，在消费社会，消费变成一种符号，社会身份就在消费产品的奢侈与否中被定位，因消费而产生社会分层，使刚过上自认为富足生活的人们又陷入“相对贫困”之中，消费分层将社会的不平等凸显出来。因而，共享的理念旨在突出人人都有改善生活条件，尤其是满足生存需要的消费的权利！奢侈消费应该让渡基本的生存消费！每个人都能根据自身的需要合理消费，达到自由而全面发展的目的。在这样的消费理念下，每个人都能奉行合理消费的价值原则，个人消费需求的实现不以牺牲他人的消费权利为前提，代内消费公平和代际消费公平才能得到实现。

努力缩小收入差距，为共享发展奠定经济基础。在共享发展理念的指导下，培育公平正义消费观的同时也提升低收入者的消费能力，让每个人都能共同享有改革开放以来的发展成果，在消费领域实现公平正义。首先，要推动产业转型升级，尤其是要通过政策扶助以农业为主的弱势产业，大力发展生产力以增加处于农村等落后欠发达地区人们的收入；其次，针对城乡、区域、行业间收入差距大的现状，需要完善收入分配体制，改变付出与收入的不相匹配；最后，合理利用政府财政支出，通过社会保障帮助困难群体，实现公共资源均衡配置，鼓励人才流向欠发达地区，带动当地经济文化的发展。

二、充分发掘传统优秀消费文化的现代价值

每个人都是一种文化的存在，人类的历史活动必须以社会文化遗传为基点。“人的存在是有机生命所经历的前一个过程的结果。……作为人类历史的经常前提，也是人类历史的经常的产物和结果，而人只有作为自己本身的产物和结果才成为前提。”①我们不能脱离我们的传统，尤其对于中国这个有着五千年优秀文化传统的国家，中华文明的文化内核已深深地扎根于中国人的思想意识之中，其影响是根深蒂固的，任何一种现代文化的构建，都离不开传统文化的根基。深入挖掘传统文化的精髓，对于我们构建新时代中国特色社会主义消费文化具有重要作用。尤其是当西方物化世界的弊端显露无遗时，转向中国传统文化寻求良方，用传统文化与现代发展整合后的新文化治理现代文明的弊病，不仅有利于当下人文精神的建构，同时也有利于抵制消费主义。

中华民族悠久的传统文化中，有着丰厚的人文精神积淀。

① 《马克思恩格斯全集》第26卷，人民出版社1974年版，第545页。

中国传统文化以求真、向善、尚美为人文价值取向，强调精神理性对肉身欲望的超越，重视对人的精神家园的深度关怀，它不仅构筑了民族生存与发展的自律机制，也参与构建了当代中国文化主旋律的稳固内涵。生态伦理学创始人之一、法国人道主义思想家施韦策由衷地赞叹道："中国传统哲学以奇迹般深刻的直觉思维体现了人类最高的生态智慧。这种肯定世界和人生的哲学，是一种丰富和无所不包的哲学。"①无疑，这些优秀传统文化为我们今天面对新趋势和新挑战提供了一个框架。构建新时代中国特色社会主义的消费文化，我们认为，需要弘扬中国优秀传统文化中的以下几个方面：

第一，崇俭抑奢，知足常乐。在中国历史上，"崇俭抑奢"的传统源远流长。孔子说："礼与其奢，宁俭。"同时他还指出："中人之情，有余则奢，不足则俭，无禁则淫，无度则失，纵欲则败。故饮食有量、衣服有节、宫室有度、蓄聚有数、车器有限，以防乱之源也。"②孟子曾经把中国人所能向往的生活目标描述为："五亩之宅，树之以桑，五十者可以衣帛矣；鸡豚狗彘之畜，无失其时，七十者可以食肉矣；百亩之田，勿夺其时，数口之家可以无饥矣。"③后来又有人把这种生活目标进一步概括为："上足以事父母，下足以畜妻子。"也就是说只要能满足人的真实需要就行，节制个人欲望被视为一

① ［法］阿尔伯特·施韦策：《敬畏生命》，陈泽环译，上海社会科学院出版社1995年版。

② 王肃：《孔子家语卷四》，时代文艺出版社2007年版，第203页。

③ 焦循：《孟子正义》，中华书局1987年版，第55、58－59页。

种美德。道家学派的代表人物老子也说："我有三宝，持而保之。一曰慈，二曰俭，三曰不敢为天下先。"① 明代朱柏庐曰："一粥一饭当思来之不易，半丝半缕恒念物力维艰。宜未雨而绸缪，毋临渴而掘井。自奉必须俭约，宴客切勿流连。器具质而洁，瓦缶胜金玉。饮食约而精，园蔬愈珍馐。"② 强调过一种简约而健康的生活。坚决反对挥金如土、骄奢淫逸、酒池肉林、暴殄天物的消费行为。

第二，超然物外，淡泊明志。儒家传统在提倡过简约而健康生活的同时，注重人的精神需要和精神修养，尤其注重通过个人平时的修炼以达到人格完善和崇高的精神境界，强调立足于现实世界的整体性、人性自身完满性以及宇宙万物的广袤与和谐，通过个人"克己复礼"的内在修养功夫，最终进驻"天人合一"的圣人境界而得以安身立命。这种文化强调一种内在超越之路，无论对于个体生命还是对于群体生命的安顿均采取了一种内在化、人格化的路向，旨在通过凸显人自身的理想境界而成就一个仅仅依靠人类自身就可以"吾性自足"的终极关怀价值系统。那么再多的财货、享受，或者学术与艺术上的成就，都无法换取内心的平安喜乐；再高的物质文明，也无法取代亲人、朋友间的情意。儒家思想之所以能在过去数千年之中，为无数识字与不识字的人所接受，成为他们的核心价值，正在于它指点出人性的根本需要。文明尽管快速演变，然

① 陈鼓应：《老子今注今译》，商务印书馆 2007 年版，第 610 页。

② 陆林、吴家驹：《朱柏庐诗文选》，江苏古籍出版社 2002 年版，第 258 页。

而若不能掌握人生的核心价值，生命终究不免空虚失落。人是世界上最不容易满足的动物，而儒家所重者，正在于如何认识并满足人性中最核心而深邃的需求。一个人若怀有孝悌之心，便会对整个世界抱一种感恩与谦让之心。这与现代社会中一些人重视享乐、得陇望蜀、利欲熏心、贪得无厌、以各种方式追求个人欲望的心态大不相同，欲求少而感恩之心深重，则人生自然较容易安足，犹如陶渊明“采菊东篱下，悠然见南山”的淡泊明志和不为物所累的怡然自得。

第三，乐善好施，俭而不吝。中国古代的节约与吝啬是截然不同的。王夫之在《俟解》中讲：“俭者，节其耳目口体之欲，节己不节人……吝者，贪得无已，何俭之有！”[①]在王夫之看来，真正的节俭者是针对自己而不是针对他人的，即“节己不节人”，而所谓吝啬，实际上是不愿意施舍与帮助别人，这正表明其贪得无厌的本性，而贪得无厌哪里还谈得上什么节俭！中国的传统文化历来对慷慨解囊十分赞赏，对斤斤计较则持批评态度。“施而不奢，俭而不吝”，乐善好施而不奢侈，勤俭节约却不吝啬，对己克勤克俭，对人慷慨大方，扶危济困，可谓中华民族的优良传统。一个人有了财富，但不是用于自己的挥霍，而是去帮助他人或是用于发展社会公共事务，消费主义的生活方式就会慢慢隐退了。

第四，重义轻利，人际和谐。儒家思想推崇仁爱，主张性善论和厚德载物，重情重义，注重人际关系的透明和融洽，重

---

① ［清］王夫之：《思问录 · 俟解》，王伯祥点校，中华书局 2009 年版，第 89 页。

视人与人之间的和谐，喜欢通过彼此间感情投入与回报建立起一种亲密关系。这与消费主义将一切视为商品，一切关系皆商品化，淡漠人际关系是完全不同的。并且，与消费主义提倡的个人利益至上的个人主义原则相反，儒家思想强调整体观念原则，重视合群，提倡为他人、为社会奉献的集体主义精神，在消费行为上表现为求同特征和从众心理，不过分突出自己，以避免与他人产生差距和隔阂，有利于建立更加和谐的人际关系。

第五，“天人合一”“民胞物与”。儒家对破坏和灭绝生物种群的行为及不断膨胀的物质贪欲深恶痛绝，个人对天地万物都有深厚的情感，提倡“取之以度，用之以时”。其创始人孔子从包容天地万物的仁人之心出发，提出“钓而不纲，弋不射宿”①，鲜明地体现了他在人与自然关系上的价值取向。张载呼吁人们应像对待自己的同胞兄弟亲朋好友那样去对待大自然，号召人们“大其心则能体天下物”，展示出体恤天地万物的宇宙情怀和生态意识。“寄情山水”在“智者乐水，仁者乐山”和“孔颜之乐”的表述中已体现了人与自然的融合之境。把宇宙万物看作生生不已、广大和谐的生命大链条，由此，自然界便是人类生命中不可割断的基本存在境遇，并通过人类自强不息的创造活动彰显和完善其内在价值。这种对待人与自然的态度有利于节制消费，克制不顾自然的承受能力而大量生产、大量浪费的行为。

---

① 孔子：《论语》，王超译，北京联合出版公司2015年版，第46页。

但是，发掘传统文化的现代价值，不是照搬传统文化，不能抱有狭隘的民族主义情结，而是应该在现代化的过程中不断对传统文化加以改造以更好地适应新的消费形势的发展。其实，正因为几千年历史的中国文化本身具有不断自我更新的能力，不仅能包容而且能改造异质文化，它今天才仍富有活力。如金吾伦先生所说的："保护民族文化，不是像对待一件古代文物那样把它与周围世界隔开来。相反，一种文化只有与时代相适应，不断地更新和发展，又不失去自身传统的特色，才是一种有生命力的文化，一种根深叶茂的文化。它需要在与外部环境、外来文化的不断撞击中得到锤炼、得到发展，亦即在发展中生存，在发展中繁荣。"① 毕竟传统消费文化是与传统的农业社会中物资相对匮乏这一状况相适应的。虽然传统农业社会是一个注重精神享受和精神修养的社会，但是它是一种低层次的精神文明，缺乏实现个人自由发展的现实条件。相反，工业文明主要是一种物质文明，随着中国现代化进程的不断推进和全面建成小康社会，人民的物质资料生产相对比较丰富，在消费上表现的变化就是人们对生存资料需要的迫切性日趋下降，而寻求享受、发展的需要则日益增强。从社会发展的趋势看，这是合理的转向。从这一点来说，合理弘扬传统文化，发掘传统文化的现代价值，就是要以开放的姿态容纳现代消费文化在推进审美民主和人性解放方面的积极成果，以超距审视的眼光和积极的批判精神最大限度地消解其负面效应。弘扬传统

① 金吾伦：《信息高速公路与文化发展》，《中国社会科学》，1997 年第 1 期。

消费文化不是为了压制人们的消费，而是旨在发掘传统消费文化精神尤其是其现实价值，使人们在物质消费基本得到满足的同时，有更丰富的精神生活，并树立一种合理的消费价值观念，以自觉抵制消费主义。

总之，只有民族的，才是世界的。因而，弘扬我国传统消费文化精华并不是提倡狭隘的民族主义，只是面对消费主义文化的强势入侵，如果中国不加强自身消费文化的建设，不坚守和弘扬消费文化的民族性，必然会削弱我国的文化软实力，进而影响到国家的综合实力与整体安全。因而，越是在消费文化全球化的时代，我们越要注重发扬我国传统消费文化的精华，不仅要使之融入世界，更要增强其对全世界的影响力。

三、充分利用社会主义主流意识形态的导向功能

所谓意识形态的导向功能，“就是一定的意识形态作为一面旗帜，为一定的社会或国家进行政治目标导向和社会价值导向，对人们的思想、行为进行符合目标的引导并对偏离目标的思想、行为进行阻滞”①。以马克思主义为重要内容和理论指导的社会主义意识形态，是我国的主流意识形态。消费主义文化对我国主流意识形态形成冲击，从一个侧面体现了我国主流意识形态的建设相对不足。由此，构建新时代中国特色社会主义消费文化首先需要坚持马克思主义在主流意识形态中的指导地位，充分发挥社会主义主流意识形态的导向功能，保持社会

① 郑永廷等：《社会主义意识形态发展研究》，人民出版社 2002 年版，第 344 页。

主义主流意识形态的凝聚力。

发挥社会主义主流意识形态的导向功能，首先要增强社会主义主流意识形态的导向力和说服力。随着当前国际国内形势的变化，社会主义主流意识形态也只有保持灵活的适应性和包容性，不断自我更新，才能赢得成员的持续认同与忠诚。“大凡成功的意识形态必须是灵活的，以便能得到新的团体的忠诚拥护，或者作为外在条件变化的结果而得到旧的团体的忠诚拥护。”① 面对全球化带来的挑战，面临消费主义带来的强烈冲击，我们在思想建设上必须有新的突破和发展，使社会主义主流意识形态成为一个具有创新和自我超越能力的开放体系以适应新形势的发展，这不仅需要认真研究意识形态宣传教育的策略及形式，形成有效的合力，使其不但在内容上，而且在形式与方法上都具有亲和力和渗透力；同时，一个重要的方面就是要努力将意识形态的理想因素与现实内容以及人民群众的利益需求有机地统一起来，关注人民群众的实际问题，了解群众心理变化的特点和发展趋势，准确把握社会成员的思想脉搏和生活追求，把解决人的思想问题同解决人的实际问题结合起来。马克思、恩格斯曾经指出：“思想一旦离开利益，就一定会使自己出丑。”要使我们的马克思主义主流意识形态能够真正起到引导社会心理，充分发挥价值导向作用，除了必要的、科学的思想教育外，除了理论上的说服之外，还必须实现一定的绩效，尤其是经济绩效，并以此作为意识形态导向的物质基础和

① ［美］道格拉斯·诺斯：《经济史中的结构与变迁》，陈郁、罗华平等译，上海人民出版社 1994 年版，第 58 页。

合理性证明，夯实意识形态的民意支持基础。

具体说来，发挥社会主义主流意识形态对消费文化的导向功能包含两个方面。一方面，发挥以马克思主义为指导的社会主义主流意识形态对消费文化的导向功能，就是要高举旗帜，把握方向，防止各种各样的西方文化霸权，抵制消费主义文化的种种负面影响。同时，坚持以人民为中心的原则，坚持为人民服务、为社会主义服务，贴近实际、贴近生活、贴近群众的原则，通过社会主义主流意识形态的有力引导，使和谐消费文化的理论、观念真正为人民群众接受并内化为处世规则和行为习惯，激励人们树立合理的人生价值观和消费观，培养合理健康的消费方式。另一方面，发挥社会主义主流意识形态对消费文化的导向功能，其中重要的一环就是要坚持马克思主义对消费文化的批判精神，培育消费理性。在对西方消费文化的吸收和鉴别中，坚决反对消费主义文化所倡导的纵欲主义、拜金主义与严重的个人主义的错误导向，对西方消费社会的种种异化消费和畸形消费要主动抵制，注意区分西方物质消费文化和精神消费文化的不同表现方式，对西方商品的符号意义要认真鉴别，防止西方消费文化的“符号”操纵，不要盲目模仿低级的流行消费文化。同时注意借鉴西方消费文化发展的经验教训，使我国的和谐消费文化在传统和现实、动态和开放中得以升华。

四、合理利用大众传媒的塑造功能

大众传媒在人们的社会生活中发挥着越来越重要的作用，

正如前文所指出，大众传媒通过大量的广告、影片、电视剧、制造消费时尚等多种形式对大众的消费价值观念产生着潜移默化的影响，借助大众媒体全方位、地毯式的宣传和劝说，西方的消费方式和消费观念便扎根在人们的头脑之中。因而，大众传媒成为消费主义文化价值观念传播和文化殖民的重要手段和技术机制。消费主义文化在中国的传播与发展，大众传媒起着推波助澜的作用。如果对大众传媒不加以积极引导，任其多元化的众声喧哗，覆着新闻本身的品格，拒绝高尚和神圣，逃避新闻应有的责任和良心，必将导致公共理性价值的消解、庸俗文化的泛滥甚至在某种程度上解构国家主流意识形态。但是，我们也不应该夸大大众传媒的负面影响，我们应该客观地将大众传媒看成是一个话语平台，并且在现代社会，无论是社会主义主流意识形态的导向功能还是大众文化的整合功能，其功能的发挥都离不开大众媒体的积极引导作用。大众媒介提供的相关信息被消费者视为“建议性信息”，这种媒介内容主要为大众提供适当行为的建议。[①] 拥有一个活跃而强大的传媒产业，拥有一个广阔的世界文化市场，才会拥有强大的文化主权。这是增强我国文化实力和竞争力的必由之路，也是增强社会主义意识形态凝聚力、吸引力和认同感的必由之路。因此，要控制和消除消费主义文化的负面影响，建设新时代中国特色社会主义消费文化，必须重视大众传媒对人们消费价值观念的重要影响，积极利用大众传媒对大众消费观念的塑造功能。也就是

① 于晗、于唯德：《消费如何塑造个体身份认同》，《人民论坛》，2020 年第 16 期。

说，我们可以在批判媚俗的思想中，通过这个平台宣传合理的消费理念，抵制各种不合理的消费观点和畸形消费行为，如被人们形象地称为红色消费（肆意挥霍公款）、黑色消费（盲目铺张浪费）、灰色消费（不当人情往来）、白色消费（烟酒不良嗜好）和黄色消费（毒、黄、赌、嫖），等等。

值得指出的是，当前我国加强广告的法律规范和监督尤为必要。在大多数发展中国家，缺乏对广告的严格的审查和规范的制度，一些虚假的广告对没有消费经验的人产生了较大的影响，误导了消费者。“但应该没有人会否认，欠缺这些限制的第三世界，将使得它们的消费者处于不利的境地，至少在广告商刻意以虚假言词作宣传时是不利的。同此道理，因为不识字而引起的伤害也是很明显的，因为如此一来，他们根本不能够直接接触信息，也就不能了解商品的品质或使用方法。”① 在我们国家，大众传媒也走向了市场化，广告是商业集团跟大众传媒的联姻，为了高额的物质利益，其不禁铤而走险。到目前为止，中国穷人中很多还是文盲，他们不识字，同时见识少，缺乏消费文化经验，最容易受到广告的影响。对于这些靠自由市场是无济于事的，著名经济学家萨缪尔森就说过，市场能较好地解决生产什么和怎样生产的问题，“但是，市场并没有特殊的才能去寻求解决为谁生产问题的最好答案。……这样，我

① ［英］汤林森：《文化帝国主义》，冯建三译，上海人民出版社 1999 年版，第 220 页。

们可能要为市场喝彩两声而不是三声”①。即便是坚决主张彻底自由市场的人，也不会随意说广告不应受到法律限制，事实上，西方社会有许多精细的制度性安排，目的只在于确保广告所言，套一句英国广告标准协会的知名语句：“合乎法律、入流、诚实不欺而真实。”同时，大众传媒不仅要追求经济效益也要追求社会效益，主动承担社会责任，绝不能屈从于商业利益。应该将积极帮助消费者树立新的消费观念并付诸行动看成是其义不容辞的责任。当然，对消费者的教育，是一项系统工程。在提高消费者的政治思想素质和科学文化素质的同时，要将健康合理的消费理念贯穿到消费教育的全过程。对我国的各种媒体来说，要坚持积极、正确的消费舆论导向，引导消费者树立理性、健康的消费观念和生活方式，引领人们实现更加美好的生活。

五、高度重视大众文化的整合功能

大众文化是相对于精英文化和主导文化而言的，是在商业中迅速发展起来、更多地倾向于商品化的一种文化现象。从一定意义上说，消费文化就是大众文化的一个分支，构建新时代中国特色社会主义消费文化离不开大众文化的合理健康发展，必须重视大众文化的整合功能。

大众文化作为现代化发展过程中必然产生的文化现象，在社会大众中具有强大的影响力，正日益成为我国当前的流行文

---

① 萨缪尔森：《经济学》（下）第12版，中国发展出版社1992年版，第955页。

化。不可否认，大众文化自身存在着一定的局限性。大众文化的价值观基本上是注重日常生活的审美满足和短暂的心理体验。在当前科学技术提供空前的制造力、复制力的前提下，在大众市场自身利益最大化的驱动下，大众文化在张扬感性文化时又无限地膨胀了感性，因而难免粗俗而缺乏文化的深度。为此，众多学者对大众文化进行了批判，如法兰克福学派所批判的大众文化的模式化、平面化、单质性、操纵性、欺骗性等特点。我国当前的大众文化也或多或少有这样的特点，甚至为了满足消费大众的猎奇心理，唤起他们的无意识冲动，大众文化将暴力、性犯罪等也加以游戏化的渲染。由此看来，大众文化的负面影响是显而易见的。有学者将大众文化称为“两 M”文化，即“麦当娜”与“麦当劳”。认为前者在突出性欲的同时剥夺了人类两性之间的丰富关系，而后者则是用单一的“垃圾食品”取代了异常丰富的传统饮食文化，它们分别从“食”与“色”两方面破坏了人自身的再生产①。前文也提到过，大众文化是西方生活方式、价值观念传播的重要途径，对我国民族文化与社会主义主流意识形态形成了巨大的冲击力，甚至构成了西方文化霸权的重要组成部分。

但是，我们还要看到，大众文化是时代的产物，它的积极作用不可忽视。比如它为促进文化生产与消费开拓了广阔的空间，明显丰富了文化景观，扩大了文化辐射，活跃了文化生活，实现了文化共享，极大地激发了大众对时代文化的参与愿

---

① 参见《人文建设在大众消费文化中突围——访刘士林教授》，《中国教育报》，2004 年 4 月 8 日。

望和体验热情，使文化在市场化、生活化、产业化的发展道路上，最直接地切入了大众的社会生活，改变了文化的生产和消费局限于少数人的局面，打破了文化一元化的格局。从这个意义上说，它不仅是经济发展和社会进步的标志，而且是思想解放、精神提升和文化生活趋于丰富多彩的标志。毫无疑问，所有这些，对于我们建设面向现代化、面向世界、面向未来的有中国特色社会主义新型文化都是必要的和有益的。

尽管大众文化不同于精英文化，可大众文化并不是“文化沙漠”，并不全是追求感官刺激、低级粗俗的东西，它同样具有高雅、审美的特点。在“为人民服务，为社会主义服务”的文化方针指导下，我国的大众文化不仅是谋利益的工具，还具有为大众服务的特点。并且我国没有经过像资本主义那样长达好几个世纪的思想启蒙，大众文化是启蒙大众的重要文化资源。中国大众文化的核心本质在于它是建设中国特色社会主义伟大实践的文化反映，是社会主义条件下大众日常生活、情感体验的精神状态所在，其本质特征在于社会主义性、真正的人民性和民族性。人们通过欣赏电视连续剧、纪实文学、流行音乐、互联网文学作品、包括近几年刚刚兴起的大众文化的各种形式，放松身心，陶冶情操，培养审美情趣。在文化多元化的时代，大众文化即便不是文化奇葩，也是现代文化中不可缺少的组成部分，遏制或是消灭大众文化都是不符合文化的生长规律以及现代社会发展的需要的。北京大学著名文艺评论家张颐武先生有一句话值得我们深思，他说：“要像重视孔子一样重视章子怡。”也就是说，我们要高度重视大众文化的建设，尊重大众文化发展的基本规律，处理好大众文化的经济效益与社会效益之间的关系，批判和否定其负面影响，引导和规范大众文化顺势发展，建设积极、健康、向上的大众文化。如果说，西方大众文化构成了西方文化霸权的重要组成部分，那么，独立的具有中国特色的大众文化是维护文化主权、反对文化殖民的重要屏障。为此，要认真研究大众文化的历史发展，全面把握大众文化的深层本质和艺术审美特征，分析当代中国大众文化的积极功能和负面影响，树立关于大众文化的正确观念；应该在社会主义主流意识形态的正确导向下，在社会主义先进文化的指引下，利用大众文化的多元性、层次性，将合理健康的消费理念贯穿其中，努力提升其文化品位，建设适合新时代中国特色社会主义的大众文化；更为重要的是，必须生产出大量人们喜欢消费的大众文化产品，占领人们精神消费领地，帮助消费者树立正确的消费观、价值观；通过大众文化的教育，培育视野开阔、懂理守法、健康文明的消费者，为推动社会主义消费文化的传播打下良好的群众基础；促进大众文化向精神审美的方向发展，超越感官快乐，上升为对真、善、美的追求，促进人的全面发展。此外，在我国现阶段，大众文化中确实存在着一些不合理的现象，在加强大众文化的建设中，必须不断提高大众的思想道德水平和科学文化素质，同时要制定健全的文化市场法规，加强对文化市场的管理，引导和规范大众文化的发展。

结　语

当前我国已经全面建成小康社会，站在“两个一百年”的历史交汇点上，党和政府始终把人民群众对美好生活的向往当作奋斗目标，不断提高全体人民的物质生活和精神生活的水平。但是，丰富的物质不过是为人的发展准备了最基本的条件。在增加物质财富的基础上，选择合理的生活方式，更好地为促进人的全面自由的发展创造条件，却是我们建设中国特色社会主义的根本目的。如果背离了这个根本目的，沉溺于无穷的物质欲望和无尽的消费，人欲横流，只能为物所累，与人的自由全面发展背道而驰，这种发展就毫无意义。只有不断超于财富之上，“物物而不物于物”，才能真正实现人的自由和全面发展。为此，对于那些陷于消费主义的人来说，需要的是从消费的竞赛中自动地撤回，自觉将消费引导到深层次的、非物质的满足和高雅的“悦志悦神”的精神消费上：知识的吸取、思想的交流、文化的熏陶、艺术的感化、情感的传达等。

可一旦涉及人们价值体系的转变，便是一桩相当艰巨的事情。这种改变不仅要依赖于作为消费者的素质的提高，还依赖于社会价值体系的改变。如果在绝大多数人的心目中社会的进步不再等同于经济增长和 GDP 的增加，而是人的全面发展；

衡量人的价值不再以占有物质财富的多少或赚钱的多少为标准，而是以拥有的知识和智慧的多少、能动性和创造性发挥的优劣、对社会贡献的大小为标准；如果炫耀财富不再能获得社会的尊敬，那么，人们就不会再视物质财富至高无上，将不再遵循一种外在的标准，也不再通过外在的“物”来彰显自我存在和价值，这样，“炫耀性消费”和其他种种外在的显示自我的方式就没有存在的土壤了。“只有当我们不再贯彻只有钱多才牛皮，只有权大才牛皮，我自己拉琴很高兴，自己下棋很高兴，自己作诗歌很高兴，并且拉琴、下棋、作诗都可以获得一定的承认，只有在大家追求被承认的道路上开始了多样化，才有出路。”① 可以说，只有当多数人看到一辆豪华轿车时首先想到的是它所导致的空气污染而不是它所象征的社会地位的时候，当大多数人看到过度的包装、污染环境的一次性产品而感到厌恶和愤怒的时候，消费主义的存在空间就会越来越狭小了；只有当越来越多的人都充分认识到消费主义的危害，都能从减少消费主义角度进行购买和消费，对地球多一份爱护，对他人多一份责任心，科学健康的消费方式才是可能的了。而现实情况是，“我们消费者享受着一种几乎每个人都渴望享受的生活，为什么别人就不应当呢？谁又愿意马上放弃一辆汽车，大片土地上的一所大房子和一年四季完全实行室内空调呢？几百年经济史的惯性和数以亿计的人的物质渴望都处于增加消费

① 郑也夫：《在人生观提供者大转换的时代：反省快乐，批判消费》，《博览群书》，2004 年 03 期。

的一边”①。所以，超越消费主义，对于那些在现有体系中获得优越地位的人们，要让他们自觉放弃旧有的价值体系，无可避免地会遭到“价值的困窘”，引起顽固的抵制。

但是，无论怎样，为了让我们“望得见山，看得见水，记得住乡愁”，更为了人类自身的可持续发展，哪怕障碍如山，也必须努力克服；即便是进两步退一步，也非做不可。这并不是乌托邦。我们还是相信杜宁的说法，尽管消费主义来势凶猛，但“消费主义只有着浅薄的根基，对于消费者阶层来说，抛弃消费主义不是从他们的文化遗产中抛弃任何有持久意义的东西。相反，它是重新肯定他们文化中最古老的教诲。从历史的观点看，过度的消费主义是异常的价值体系，消费的生活方式是对人类文化经过几百年发展起来的保守定位的彻底背离。不论是因为我们选择抗拒它，还是因为它毁灭了我们的生态依托，消费主义终将是一种短暂的价值体系”②。当前，我们进入了全面小康社会，在追求美好生活的征途上，我们既反对刻板的禁欲主义，也反对消费享乐主义，并坚信一种简约而合理、健康而丰富的消费方式将给我们的现实生活和子孙后代带来真正的幸福。

---

① ［美］艾伦·杜宁：《多少算够——消费社会与地球的未来》，毕聿译，吉林人民出版社 1997 年版，第 7 页。

② ［美］艾伦·杜宁：《多少算够——消费社会与地球的未来》，毕聿译，吉林人民出版社 1997 年版，第 106 页。

参考文献

一、著作

[1]《马克思恩格斯选集》第1卷，人民出版社2012年版。

[2]《马克思恩格斯选集》第2卷，人民出版社2012年版。

[3]《马克思恩格斯选集》第3卷，人民出版社2012年版。

[4]《马克思恩格斯选集》第4卷，人民出版社2012年版。

[5]《马克思恩格斯全集》第12卷，人民出版社1962年版。

[6]《马克思恩格斯全集》第30卷，人民出版社1995年版。

[7]《马克思恩格斯全集》第31卷，人民出版社1998年版。

[8]《马克思恩格斯全集》第32卷，人民出版社1998年版。

［9］《马克思恩格斯全集》第 42 卷，人民出版社 1979 年版。

［10］《马克思恩格斯全集》第 44 卷，人民出版社 2001 年版。

［11］《马克思恩格斯全集》第 46 卷，人民出版社 2003 年版。

［12］［德］阿道尔诺：《否定的辩证法》，张峰译，上海人民出版社 2020 年版。

［13］［法］阿尔都塞：《保卫马克思》，顾良译，商务印书馆 2017 年版。

［14］［法］阿尔都塞等：《读〈资本论〉》，李其庆、冯文光译，中央编译出版社 2001 年版。

［15］［加］阿格尔：《西方马克思主义概论》，慎之等译，中国人民大学出版社 1991 年版。

［16］［英］阿兰·斯威伍德：《大众文化的神话》，冯建三译，三联书店 2003 年版。

［17］［美］阿瑟·阿萨·伯杰：《通俗文化、媒介和日常生活中的叙事》，姚媛译，南京大学出版社 2006 年版。

［18］［法］埃德加·莫林等著：《地球祖国》，马胜利译，三联书店 1997 年版。

［19］［美］埃里希·弗洛姆：《占有还是存在》，李穆等译，世纪图书出版公司 2015 年版。

［20］［美］艾里希·弗洛姆：《健全的社会》，孙恺祥译，上海译文出版社 2011 年版。

［21］［英］安德鲁・古德温：《电视的真相》，魏礼庆，王丽丽译，中央编译出版社2001年版。

［22］［英］安东尼・吉登斯：《现代性的后果》，田禾译，译林出版社2000年版。

［23］［英］安东尼・吉登斯：《现代性与自我认同》，赵旭东、方文译；王铭铭校、黄瑞祺审定，左岸文化2005年版。

［24］［古希腊］柏拉图：《理想国》，郭斌和、张竹明译，商务印书馆2019年版。

［25］包亚明：《游荡者的权力——消费社会与都市文化研究》，中国人民大学出版社2010年版。

［26］［美］本雅明：《机械复制时代的艺术作品》，王才勇译，浙江摄影出版社1993年版。

［27］［法］布尔迪厄：《关于电视》，许钧译，辽宁教育出版社2000年版。

［28］［法］布尔迪厄：《艺术的法则 文学场的生成与结构》，刘晖译，中央编译出版社2011年版。

［29］［法］布希亚：《物体系》，林志明译，上海人民出版社2001年版。

［30］［加］查尔斯・泰勒：《自我的根源：现代认同的形成》，韩震等译，译林出版社2008年版。

［31］［美］查理德・罗蒂：《后哲学文化》，黄勇译，上海译文出版社2016年版。

［32］陈立新：《历史意义的生存论澄明：马克思历史观哲学境域研究》，广西师范大学出版社2016年版。

［33］陈昕：《救赎与消费 当代中国日常生活中的消费主义》，江苏人民出版社 2003 年版。

［34］陈学明、吴松、远东：《痛苦的安乐：马尔库塞、弗洛姆论消费主义》，云南人民出版社 1998 年版。

［35］［美］大卫·理斯曼等：《孤独的人群》，王崑、朱虹译，南京大学出版社 2002 年版。

［36］戴慧思、卢汉龙：《中国城市的消费革命》，上海社会科学院出版社 2003 年版。

［37］［美］戴维·哈维：《后现代的状况》，阎嘉译，商务印书馆，2003 年版。

［38］［英］戴维·莫利、凯文·罗宾斯：《认同的空间：全球媒介、电子世界景观与文化边界》，司艳译，南京大学出版社 2001 年版。

［39］［美］丹尼尔·A. 科尔曼：《生态政治：建设一个绿色社会》，梅俊杰译，上海译文出版社 2006 年版。

［40］［美］丹尼尔·贝尔：《后工业社会的来临》，高铦等译，江西人民出版社 1989 年版。

［41］［美］丹尼尔·贝尔：《资本主义文化矛盾》，赵一凡等译，三联书店 1989 年版。

［42］［美］丹尼斯·米都斯：《增长的极限——罗马俱乐部关于人类困境的报告》，吉林人民出版社 1997 年版。

［43］［美］道格拉斯·凯尔纳、斯蒂文·贝斯特：《后现代转向》，陈刚译，南京大学出版社 2002 年版。

［44］［美］道格拉斯·凯尔纳、斯蒂文·贝斯特：《后现

代理论——批判性的质疑》，张志斌译，中央编译出版社 2011 年版。

［45］［日］堤清二：《消费社会批判》，朱绍文等译，经济科学出版社 1998 年版。

［46］［美］凡勃伦：《有闲阶级论》，蔡受百译，商务印书馆 2019 年版。

［47］［英］弗兰克·莫特：《消费文化——20 世纪后期英国男性气质和社会空间》，余宁平译，南京大学出版社 2001 年版。

［48］高国荣：《美国环境史学研究》，中国社会科学出版社 2014 年版。

［49］［美］汉娜·阿伦特：《人的境况》，王寅丽译，上海人民出版社 2017 年版。

［50］［英］卡尔·波兰尼：《大转型：我们时代的政治与经济起源》，冯钢、刘阳译，浙江人民出版社 2007 年版。

［51］［日］广松涉：《物象化论的构图》，彭曦、庄倩译，南京大学出版社 2002 年版。

［52］［德］哈贝马斯：《交往与社会进化》，张博树译，重庆出版社 1989 年版。

［53］［德］哈贝马斯：《作为"意识形态"的技术与科学》，李黎、郭官义译，上海学林出版社 1999 年版。

［54］［德］海德格尔：《海德格尔选集》，孙周兴选编，上海三联书店 1996 年版。

［55］何萍：《马克思主义哲学与文化哲学》，武汉大学出

版社 2002 年版。

［56］［德］霍克海默、阿道尔诺：《启蒙辩证法：哲学断片》，渠敬东、曹卫东译，上海人民出版社 2006 年版。

［57］［德］霍克海默：《霍克海默集》，曹卫东编选，渠敬东等译，上海远东出版社 2004 年版。

［58］［德］霍克海默：《批判理论》，李小兵译，重庆出版社 1989 年版。

［59］［法］居伊·德波：《景观社会》，王昭凤译，南京大学出版社 2006 年版。

［60］［法］吉尔·利波维茨基、［加］塞巴斯蒂安·夏尔：《超级现代时间》，谢强译，中国人民大学出版社 2005 年版。

［61］刘可风等：《应用哲学与应用伦理学引论》，中国财政经济出版社 2005 年版。

［62］［德］卢卡奇：《历史与阶级意识》，张西平译，重庆出版社 1989 年版。

［63］鲁品越：《资本逻辑与当代现实》，上海财经大学出版社 2006 年版。

［64］罗钢、刘象愚：《文化研究读本》，中国社会科学出版社 2000 年版。

［65］罗钢、王中忱主编：《消费文化读本》，中国社会科学出版社 2003 年版。

［66］［法］罗兰·巴特：《神话——大众文化诠释》，许蔷蔷、许绮玲译，上海人民出版社 1999 年版。

［67］［美］马尔库塞：《爱欲与文明》，黄勇、薛民译，上海译文出版社 2012 年版。

［68］［美］马尔库塞：《单向度的人——发达工业社会意识形态研究》，刘继译，上海译文出版社 2016 年版。

［69］［美］马尔库塞：《工业社会和新左派》，任立编译，商务印书馆 1982 年版。

［70］［美］马尔库塞：《审美之维》，李小兵译，广西师范大学出版社 2001 年版。

［71］［美］马克·波斯特：《第二媒介时代》，范静哗译，南京大学出版社 2001 年版。

［72］［德］马克思：《1844 年经济学哲学手稿》（单行本），人民出版社 2000 年版。

［73］［德］马克思·韦伯：《新教伦理与资本主义精神》，于晓、陈维纲等译，三联书店 1987 年版。

［74］［德］马克斯·舍勒：《资本主义的未来》，刘小枫主编，罗悌伦译，北京师范大学出版社 2017 年版。

［75］［美］马泰·卡林内斯库：《现代性的五副面孔》，顾爱彬、李瑞华译，商务印书馆 2002 年版。

［76］［英］迈克·费瑟斯通：《消费文化与后现代主义》，刘精明译，译林出版社 2000 年版。

［77］［英］尼古拉斯·阿伯克龙比：《电视与社会》，张永喜等译，南京大学出版社 2001 年版。

［78］欧阳志远：《最后的消费：文明的自毁与补救》，人民出版社 2000 年版。

[79]［法］弗郎索瓦·佩鲁：《新发展观》，张宁、丰子义译，华夏出版社 1987 年版。

[80]［德］齐奥尔格·西美尔：《货币哲学》，陈戎女等译，华夏出版社 2007 年版。

[81]［德］齐奥尔格·西美尔：《时尚的哲学》，费勇译，花城出版社 2017 年版。

[82]［德］齐奥尔格·西美尔：《金钱、性别、现代生活风格》，刘小枫编，顾仁明译，学林出版社 2001 年版。

[83]［法］让·波德里亚：《消费社会》，刘成富、全志钢译，南京大学出版社 2000 年版。

[84]［法］让·博德里亚尔：《完美的罪行》，王为民译，商务印书馆 2014 年版。

[85]［法］萨特：《存在与虚无》，陈宣良等译，三联书店 2007 年版。

[86] 盛宁：《人文困惑与反思：西方后现代主义思潮批判》，三联书店 1997 年版。

[87] 石义彬：《单向度、超真实、内爆——批判视野中的当代西方传播思想研究》，武汉大学出版社 2003 年版。

[88]［荷兰］舒尔曼：《科技时代与人类未来在哲学深层的挑战》，李小兵等译，东方出版社 1995 年版。

[89]［美］舒马赫：《小的是美好的》，虞鸿钧、郑关林译，译林出版社 2005 年版。

[90]［英］汤林森：《文化帝国主义》，冯建三译，上海人民出版社 1999 年版。

［91］［英］汤因比：《人类与大地母亲》，徐波译，马小军校，上海人民出版社 2016 年版。

［92］汪信砚：《当代视域中的马克思主义哲学》，湖北人民出版社 2004 年版。

［93］王岳川：《后现代主义文化研究》，北京大学出版社 1992 年版。

［94］［加］威廉·莱易斯著：《自然的控制》，岳长龄、李建华译，重庆出版社 2007 年版。

［95］夏之放：《异化的扬弃》，花城出版社 2000 年版。

［96］徐贲：《走向后现代与后殖民》，中国社会科学出版社 1996 年版。

［97］肖翠祥、刘可风：《消费的学问》，湖北人民出版社 1995 年版。

［98］［古希腊］亚里士多德：《尼可马科伦理学》，中国社会科学出版社 1999 年版。

［99］杨鲜兰：《经济全球化条件下人的发展问题研究》，中国社会科学出版社 2006 年版。

［100］姚建平：《消费认同》，社会科学文献出版社 2006 年版。

［101］尤战生：《流行的代价——法兰克福学派大众文化批判理论研究》，山东大学出版社 2006 年版。

［102］［英］约翰·汤林森：《全球化与文化》，郭英剑译，南京大学出版社 2001 年版。

［103］赵光武：《后现代主义哲学研究》，西苑出版社

2000 年版。

［104］王启云：《当代西方国家消费调控》，湖南人民出版社 2000 年版。

［105］姚建平：《消费认同》，社会科学文献出版社 2006 年版。

［106］杨魁、董雅丽：《消费文化理论研究——基于全球化的视野和历史的维度》，人民出版社 2013 年版。

［107］闫方杰：《西方新马克思主义的消费社会理论研究》，上海世纪出版集团 2012 年版。

［108］［美］詹明信：《晚期资本主义的文化逻辑》，陈清侨译，三联书店 1997 年版。

［109］郑红娥：《社会转型与消费革命：中国城市消费观念的变迁》，北京大学出版社 2006 年版。

［111］Adorno. T. W，The Culture Industry，London：Routledge，1991.

［112］Bailey，Leisure and Class in Victorian England，London：Routledge & Kegan Paul，1978.

［113］Baudrillard. J，The Mirror of Production ，St Louis：Telos Press，1975.

［114］Benson. J，The Rise of Consumer Society in Britain ，1880～1980，London and New York ，1994.

［115］Douglas. M. andIsherwood，B：The World of Goods，Harmondsworth：Penguin，1980.

［116］Goodwin，Neva R.，Ackerman，Frank andKiron，

David (edited): The Consumer Society Washington, D. C: Island Press, 1997.

[117] Gross Gary, Time and Money: The Making of Consumer Culture, London: Routledge , 1993.

[118] Horkheimer. M. and Adorno. T, Dialectic of Enlightenment, New York: Herder &Herder. Indiana University Press, 1972.

[119] Jameson. F, Postmodernism and the Consumer Society-in H. Forst (ed), Postmodern Culture, London: Pluto Press, 1984.

[120] Joan, Economic Policy and Projects: theDevelopment of a Consumer Society in early modern England , Oxford: larandon Press, 1978.

[121] L. Sklair, Sociology of the Global System, Harvester Wheatsheaf, 1991.

[122] Lee, Martyn, Consumer Society reader. Malden (ed.), UK : Blackwell, 2000.

[123] Rojck. C, Capitalism and Leisure Theory , London : tavistock, 1985.

[124] Zygmunt Bauman, Work, consumerism and the new poor, Philadelphia: Open University Press, 1998.

二、期刊：

［1］陈向义：《异化消费及其扬弃》，《武汉大学学报（哲学社会科学版）》，2005 年第 7 期。

［2］陈昕：《消费文化：鲍德里亚如是说》，《读书》，1998 年第 8 期。

［3］陈学明：《人的满足最终在于生产活动而不在于消费活动——生态学马克思主义的一个重要命题》载《马克思主义与现实》，2002 年第 6 期。

［4］成伯清：《现代西方社会学有关大众消费的理论》，《国外社会科学》，1998 年第 3 期。

［5］蒋建国：《西方消费文化理论研究的发展、演变与反思》，《消费经济》，2005 年第 12 期。

［6］孔明安：《从物的消费到符号消费——鲍德里亚的消费文化理论研究》，《哲学研究》，2002 年第 11 期。

［7］孔明安：《技术、虚像与形而上学的命运——鲍德里亚对形而上学问题的哲学反思》，《哲学动态》，2002 年第 10 期。

［8］孔明安：《完美何以有罪——鲍德里亚对现代技术与形而上学问题的研究》《厦门大学学报（哲社版）》，2003 年第 2 期。

［9］雷龙乾：《扬弃“物的依赖性”是现代社会主义的核心价值》，《马克思主义与现实》，2007 年第 2 期。

［10］李金蓉：《消费主义与资本主义文明》，《当代思

潮》，2003 年第 1 期。

［11］刘福生、蓝海：《消费主义价值观的后现代解读》，《自然辩证法研究》，2002 年第 9 期。

［12］卢风：《“天地境界说”对生态伦理的启示》，《学术月刊》，2002 年第 4 期。

［13］刘福森、张兴桥：《消费主义的神话：生活质量、健康与幸福》，《长白学刊》，2005 年第 1 期。

［14］骆沙舟：《“西方马克思主义”消费异化论评析》，《厦门大学学报（哲社版）》，1995 年第 4 期。

［15］孟鑫：《生态学马克思主义的异化消费观探析》，《理论前沿》，2006 年第 24 期。

［16］倪赤丹：《现代消费的建构意义》，《社会》，2003 年第 7 期。

［17］秋石：《全面准确地理解以人为本的科学涵义（陶德麟执笔）》，《求是》，2005 年第 7 期。

［18］盛宁：《危险的让·鲍德里亚》，《读书》，1996 年第 10 期。

［19］盛晓明：《哈贝马斯的重构理论及其方法》，《哲学研究》，1999 年第 10 期。

［20］唐正东：《“消费社会”的解读路径：马克思的视角及其意义》，《学术月刊》，2007 年第 6 期。

［21］陶德麟：《名家访谈：构建社会主义核心价值体系的指导思想应当是马克思主义》，《马克思主义研究》，2007 年第 6 期。

［22］陶东风：《大众消费主义文化研究的三种范式及其西方资源》，《文艺争鸣》，2004 年第 5 期。

［23］王代月：《试论消费主义的意识形态性》，《理论学刊》，2004 年第 11 期。

［24］王雨辰：《制度批判、技术批判、消费批判与生态政治哲学》，《国外社会科学》，2007 年第 2 期。

［25］王子今：《中国传统文化的泛政治主义特色》，《人大复印资料（文化研究）》，1993 年第 2 期。

［26］许斗斗：《消费现象的社会批判——对马克思与波德里亚之消费理论的比较分析》，《马克思主义与现实》，2004 年第 6 期。

［27］宴辉：《资本的逻辑运行与消费主义》，《中国人民大学学报》，2005 年第 6 期。

［28］宴辉：《作为生活方式的消费与消费主义》，《求是学刊》，2007 年第 2 期。

［29］杨德霞：《消费主义身份建构批判》，《理论导刊》，2007 年第 3 期。

［30］杨学功、李德顺：《马克思哲学与存在论问题》，《江海学刊》，2003 年第 1 期。

［31］仰海峰：《符号－物、虚像与大众文化批判——巴特〈流行体系〉解读》，《求是学刊》，2003 年第 3 期。

［32］仰海峰：《功能化时代的物的意识形态批判——波德里亚〈物体系〉解读》，《福建论坛》，2003 年第 3 期。

［33］仰海峰：《商品社会、景观社会、符号社会——西

方社会批判理论的一种变迁》，《哲学研究》，2003 年第 10 期。

[34] 仰海峰：《拜物教批判：马克思与鲍德里亚》，《学术研究》，2003 年第 5 期。

[35] 余翠娥：《个性消费与自我认同》，《社会》，2003 年第 10 期。

[36] 俞吾金：《马克思对现代性的诊断及其启示》，《中国社会科学》，2005 年第 1 期。

[37] 张焕明：《需要与消费：异化后的扬弃》，《云南社会科学》，2006 年第 2 期。

[38] 郑红娥：《中国的消费主义及其超越》，《学术论坛》，2005 年 11 期。

[39] 郇庆治：《社会主义生态文明的政治哲学基础》，《社会科学辑刊》，2017 年第 1 期。

[40] 藏旭恒、贺洋：《坚持用马克思主义政治经济学指导消费经济理论研究》，《马克思主义与现实》，2016 年第 5 期。

[41] 李青、吴瑾菁：《消费社会中劳动者身份的困境以及出路》，《北方论丛》，2019 年第 4 期。

[42] UNDP. Global multi－dimensional poverty index 2019：illuminating inequalities，New York：UNDP，2019.

[43] 郇庆治：《作为一种政治哲学的生态马克思主义》，《北京行政学院学报》，2017 年第 4 期。

[44] 周杨：《美好生活视域下的绿色生活方式构建》，《中国特色社会主义研究》，2019 年第 1 期。

［45］詹姆斯·奥康纳：《自然的理由：生态学马克思主义研究》，南京大学出版社 2003 年版。

［46］迈克·费瑟斯通：《消费文化与后现代主义》，译林出版社 2000 版。

［47］威廉·莱斯：《满足的限度》，商务印书馆 2016 年版。

［48］EWEN S：Captains of consciousness：advertising and the social roots of the consumer culture. New York：McGraw - Hill，1976.

［49］本·阿格尔：《西方马克思主义概论》，中国人民大学出版社 1991 年版。

［50］乔纳森·休斯：《生态与历史唯物主义》，江苏人民出版 2011 年版。

［51］约翰·贝拉米·福斯特：《马克思的生态学：唯物主义与自然》，高等教育出版社 2006 年版。

［52］胡乐明：《生活需要的政治经济学分析》，《马克思主义研究》，2019 年第 11 期。

［53］刘怀玉：《警惕消费主义营造的美好幻象》，《人民论坛》，2019 年第 35 期。

［54］孙大伟：《深化对马克思主义生态消费观的认识》，《鄱阳湖学刊》，2016 年第 2 期。

［55］郇庆治：《作为一种转型政治的社会主义生态文明》，《马克思主义与现实》，2019 年第 2 期。

［56］李雨燕：《中国消费文化创新的价值维度》，《江汉

论坛》，2021 年第 4 期。

［57］李雨燕：《美好生活的历史唯物主义透视》，《武汉大学学报》，2019 年第 3 期。

［58］李雨燕：《历史唯物主义视域中的科学消费》，《求实》，2013 年第 3 期。

［59］李雨燕、郭华：《消费主义：物的依赖性时代人的生存境遇》，《学术论坛》，2012 年第 9 期。

［60］李雨燕：《马克思消费理论的现实意义——兼论当代中国消费文化之创新》，《求实》，2011 年第 10 期。

［61］李雨燕：《历史唯物主义视域中的“消费神话”批判》，《学术论坛》，2011 年第 9 期。

［62］李雨燕、黄波：《可持续消费与和谐社会的构建》，《学术论坛》，2007 年第 11 期。

［63］唐正东：《马克思历史唯物主义消费观生成路径及理论特质》，《哲学研究》，2014 年第 5 期。

［64］赵玲：《消费的人本意蕴及其价值回归》，《哲学研究》，2006 年第 9 期。

［65］左路平、朱玉利：《文化消费主义的现实样态、作用机制及其应对》，《思想教育研究》，2021 年第 5 期。

［66］仰义方、谭雪敏：《文化消费主义的表现形式、生成机理及其纠正进路》，《思想教育研究》，2021 年第 2 期。

［67］韩喜平：《消费主义思潮泛起的成因及引导》，《人民论坛》，2021 年第 4 期。

［68］匡文波：《警惕舆论裹挟下的消费主义盛行》，《人

民论坛》，2021 年第 3 期。

［69］梁帅、马卫星：《“新马克思主义”理论批判的艺术学思考——法兰克福学派对艺术消费异化现实批判的新视域》，《艺术百家》，2021 年第 1 期。

［70］董玲：《从绿色消费到政治消费：消费主义的另一面》，《学术交流》，2021 年第 1 期。

［71］张凤莲、靳雪：《消费文化治理及其多维路径探析》，《东岳论丛》，2020 年第 11 期。

［72］李钢、刘章仪：《网购游戏化情境下的青年消费异化研究——基于马克思主义批判的视角》，《中国青年社会科学》，2020 年第 6 期。

［73］汪淑娟：《消费主义的伦理困境及其超越》，《吉首大学学报（社会科学版）》，2020 年第 6 期。

［74］罗铭杰、刘燕：《消费主义的意识形态结构解码》，《财经问题研究》，2020 年第 9 期。

［75］张睿、杨力超：《健康焦虑的建构与反思——消费主义嵌入下青年人的日常养生实践》，《中国青年研究》，2020 年第 10 期。

［76］孙旭红：《历史消费主义批判：存在样态、生成逻辑及其治理原则》，《思想教育研究》，2020 年第 9 期。

［77］张青：《走出消费主义神话的想象——从马克思主义审视当代消费理论》，《湖北大学学报（哲学社会科学版）》，2020 年第 5 期。

［78］杜松石：《消费社会中人的发展问题——基于历史

唯物主义的视角》，《求是学刊》，2020 年第 5 期。

［79］崔健：《消费主义的资本逻辑、意识形态属性及其批判》，《马克思主义理论学科研究》，2020 年第 4 期。

［80］郭晓冉：《文化消费主义对美好精神生活的危害与应对》，《新疆社会科学》，2020 年第 4 期。

［81］孙建茵、冯引：《鲍曼消费主义文化批判思想探析》，《苏州大学学报（哲学社会科学版）》，2020 年第 4 期。

［82］吕庆春：《中产阶层的心理焦虑与符号消费之困》，《社会科学辑刊》，2020 年第 4 期。

［83］朱其锋：《文化消费主义思潮影响下我国主流文化的认同》，《思想教育研究》，2020 年第 6 期。

［84］俞海山：《论政府促进消费正义的理论逻辑》，《江汉论坛》，2020 年第 5 期。

［85］吴金海：《消费文化视野下的产品生命周期——一个消费社会学的探究》，《社会发展研究》，2019 年第 4 期。

［86］张戌凡：《消费体验的中国形态及其转型逻辑》，《南京社会科学》，2019 年第 10 期。

［87］查正权：《消费文化对经济发展的促进作用——评〈马克思主义政治经济学原理〉》，《广东财经大学学报》，2019 第 5 期。

［88］张书洋、马天鑫：《我国消费文化的现实维度解析》，《学术交流》，2019 年第 9 期。

［89］胡荣、林彬彬：《媒体使用对居民消费观念的影响》，《江苏行政学院学报》，2019 年第 2 期。

［90］方智果、熊承霞：《跨界与融合：消费文化视角下家具设计的时装化》，《美术观察》，2019 年第 3 期。

［91］赵颖：《文化消费理论在我国的接受溯源及再思考》，《学习与探索》，2019 年第 3 期。

［92］蒋婕、李颖：《“美好生活与消费文化”——消费社会学 2018 年冬季论坛会议综述》，《山东社会科学》，2019 年第 1 期。

［93］冯美：《消费文化语境下“文物 + 综艺”节目的创新策略——以〈上新了 · 故宫〉为例》，《出版广角》，2019 年第 22 期。

［94］李敏锐：《消费文化与女性网络文学的变奏》，《社会科学家》，2019 年第 9 期。

［95］李新宽：《西方消费史研究方法的反思》，《史学月刊》，2019 年第 7 期。

［96］李春媚：《消费文化语境中“审美经验”的悖论式实现》，《学习与实践》，2019 年第 6 期。

［97］王玉玲、范永立、洪建设：《小镇青年消费文化特点研究——以文化产业领域为切入点》，《中国青年研究》，2019 年第 6 期。

［98］张红柳、王时中：《马克思消费观的当代境遇与拓展方向研究》，《消费经济》，2019 年第 3 期。

［99］杜鹃：《“消费经典”要警惕“亵渎经典”》，《当代电视》，2018 年第 12 期。

［100］夏杰长：《简评〈中国文化消费提升研究〉》，《经

济学动态》，2018 年第 7 期。

［101］周中之：《用文明健康的消费伦理引领新时代美好生活的追求》，《湖北大学学报（哲学社会科学版）》，2018 年第 4 期。

［102］唐琳、陈学璞：《文化自信下广西网络消费文化产业体系构建研究》，《广西社会科学》，2018 年第 6 期。

［103］徐望：《消费社会背景下文化消费伦理体系构建探索》，《艺术百家》，2018 年第 3 期。

［104］刘军：《超越消费主义，树立科学消费观》，《人民论坛》，2019 年第 29 期。

［105］殷文贵：《文化消费主义的存在样态及其意识形态批判》，《思想理论教育》，2019 年第 10 期。

［106］李文浩：《文学消费主义的意义追寻与价值批判——读李胜清〈消费诗学的历史表意：新时期文学消费主义公共性身份与价值功能变迁研究〉，《湖南科技大学学报（社会科学版）》，2019 年第 4 期。

［107］孙绍勇：《消费主义的内在机理及其意识形态逻辑透析》，《理论学刊》，2019 年第 4 期。

［108］潘天波：《微媒介与新消费主义：一种身体的想象》，《现代传播（中国传媒大学学报）》，2019 年第 7 期。

［109］胡坚：《要消费，不要“消费主义”》，《人民论坛》，2019 年第 19 期。

［110］宋健林：《马克思时间视域中的西方消费主义批判》，《思想教育研究》，2019 年第 6 期。

［111］罗克全、陈红睿：《消费异化的批判与生态危机的解困》，《晋阳学刊》，2019 年第 2 期。

［112］蔡林杉：《消费主义技术与视觉文化：漫威电影青年亚文化建构的三个支点》，《传媒》，2019 年第 2 期。

［113］郭田勇：《反对“物质俘虏”的消费主义》，《人民论坛》，2019 年第 2 期。

［114］周凤梅：《青年文化在消费主义时代的嬗变与当代建构》，《江淮论坛》，2016 年第 2 期。

［115］黄英：《消费主义的传播对青年文化的影响和引导机制研究》，《理论与改革》，2016 年第 2 期。

［116］范和生、刘凯强：《符码消费镜像中的心理异化及实践逻辑——兼论鲍德里亚的消费社会学》，《宁夏社会科学》，2016 年第 2 期。

［117］张欢：《消费主义、历史语境与当代青年文化思潮》，《学术界》，2016 年第 2 期。

［118］胡建：《建设生态文明与克服消费主义》，《上海师范大学学报（哲学社会科学版）》，2016 年第 1 期。

［119］于博瀛：《消费主义批判与消费伦理构建》，《北方论丛》，2016 年第 01 期。

［120］贾雪丽：《消费主义思潮及对社会价值观的影响》，《齐鲁学刊》，2016 年第 1 期。

［121］熊小果、苏晨：《消费主义的两张面孔：资本逻辑与自由逻辑》，《学术交流》，2016 年第 1 期。

［122］艾玉波、庞雅莉：《女性消费异化研究》，《社会科

学家》，2016 年第 1 期。

［123］罗建平：《消费社会的唯物史观论析》，《东南学术》，2016 年第 3 期。

［124］李西建：《当代中国消费意识形态的构建——对消费文化理论的思考》，《福建论坛（人文社会科学版）》，2016 年第 4 期。

［125］肖峰、窦畅宇：《青年的信息消费主义及信息文明引导》，《中国青年研究》，2016 年第 12 期。

［126］余保刚：《消费主义思潮的困境与超越》，《南京师大学报（社会科学版）》，2016 年第 6 期。

［127］喻厚伟：《运用供给侧改革引导消费文化健康发展》，《求实》，2016 年第 10 期。

［128］臧旭恒、贺洋：《坚持用马克思主义政治经济学指导消费经济理论研究》，《马克思主义与现实》，2016 年第 5 期。

［129］陈宏滨：《论资本主义生态危机的根源——从生产、分配、交换和消费环节展开》，《湘潭大学学报（哲学社会科学版）》，2016 年第 5 期。

［130］宁全荣、张馨：《当代中国炫耀性消费的哲学考察》，《宁夏社会科学》，2016 年第 5 期。

［131］李慧敏：《历史与道德：消费主义考察的双重尺度》，《理论与改革》，2016 年第 5 期。

［132］朱晓虹：《现代社会消费主义的三重伦理悖论》，《浙江社会科学》，2016 年第 8 期。

［133］徐琴：《论生态学马克思主义对消费主义的批判》，《天津社会科学》，2016 年第 4 期。

［134］滕飞：《消费文化影响下青少年道德观教育探讨》，《学校党建与思想教育》，2020 年第 2 期。

［135］王婧：《绘本流行背后的消费文化与社会表征研究》，《现代传播（中国传媒大学学报）》，2021 年第 5 期。

［136］王冉：《警惕消费社会的异化消费》，《人民论坛》，2017 年第 25 期。

［137］黄文彬、曾晓玲：《当代大学生消费伦理建构的价值选择与实践路径》，《思想理论教育》，2017 年第 7 期。

［138］郑震：《当代西方消费社会学的主要命题》，《人文杂志》，2017 年第 2 期。

［139］李娟：《消费主义的发生逻辑及其操纵机制——基于生态学马克思主义消费社会的多维批判》，《新视野》，2017 年第 6 期。

［140］张寅：《消费主义文化领导权及其对剩余价值榨取的影响》，《哲学研究》，2017 年第 10 期。

［141］陈敏：《从消费主义看 DIY 一族的文化实践》，《中国青年社会科学》，2017 年第 5 期。

［142］赵汇、杨超然：《文化消费主义对青年价值观的影响与引导》，《中国特色社会主义研究》，2017 年第 4 期。

［143］陶美重、骆秋成：《学生消费主义功用与高等教育发展反思》，《教育与经济》，2017 年第 3 期。

［144］吴义周：《消费主义的移动新媒体传播及其引导》，

《思想教育研究》，2017 年第 5 期。

［145］邹智贤：《消费正义：破解现代社会消费困境的价值原则》，《求索》，2017 年第 3 期。

［146］冷向宇：《消费主义影响下大学生价值观教育谫论》，《学校党建与思想教育》，2017 年第 3 期。

［147］刘杨：《异化需求、拜物教与虚假幸福观——论莱斯对消费主义状态下人的存在方式批判》，《学术交流》，2017 年第 2 期。

［148］王易：《拜金的消费主义要不得》，《人民论坛》，2017 年第 1 期。

［149］刘飚：《消费主义视阈下我国面临的环境困境及其出路》，《广西社会科学》，2016 年第 12 期。

［150］张佳，王道勇：《从物的消费到符号消费——西方马克思主义消费社会理论的演进及启示》，《科学社会主义》，2018 年第 6 期。

［151］崔宝敏、董长瑞：《马克思消费理论：本质、异化及体制转型》，《经济社会体制比较》，2018 年第 5 期。

［152］吴菲：《消费文化镜像下影视艺术审美之殇》，《文艺争鸣》，2018 年第 8 期。

［153］周贤润：《从生产主体到消费主体：消费认同与新生代农民工的身份建构——基于珠三角地区的分析》，《福建论坛（人文社会科学版）》，2018 年第 8 期。

［154］毕红梅、徐缘：《屏幕视域下消费主义传播的审视与引导》，《思想理论教育》，2018 年第 8 期。

［155］赵玲、高品：《消费主义的中国形态及其意识形态批判》，《探索》，2018 年第 2 期。

［156］张旭：《警惕消费主义消解社会发展根基》，《人民论坛》，2018 年第 6 期。

［157］杜君君、王军：《消费主义与民族主义共振：也论“帝吧出征”中的民族主义》，《黑龙江民族丛刊》，2018 年第 1 期。

［158］李胜清：《文学消费主义与现代性生活范式》，《中国文学研究》，2018 年第 1 期。

［159］陈众议、高照成：《消费主义与“世界文学”》，《吉首大学学报（社会科学版）》，2018 年第 1 期。

［160］王永友、阳作林：《消费主义思潮的本质特征、消极影响与引导策略》，《海南大学学报（人文社会科学版）》，2018 年第 4 期。

［161］周中之：《用文明健康的消费伦理引领新时代美好生活的追求》，《湖北大学学报（哲学社会科学版）》，2018 年第 4 期。

图书在版编目（CIP）数据

当代中国消费主义及其超越 / 李雨燕著. -- 湘潭 : 湘潭大学出版社, 2021.10
ISBN 978-7-5687-0650-6

Ⅰ. ①当… Ⅱ. ①李… Ⅲ. ①消费文化－研究－中国 Ⅳ. ①D669.3

中国版本图书馆 CIP 数据核字（2021）第 203515 号

当代中国消费主义及其超越

DANGDAI ZHONGGUO XIAOFEI ZHUYI JI QI CHAOYUE

李雨燕 著

责任编辑：吕 花
封面设计：谈振威
出版发行：湘潭大学出版社
社 址：湖南省湘潭大学工程训练大楼
电 话：0731-58298960 0731-58298966（传真）
邮 编：411105
网 址：http://press.xtu.edu.cn/
印 刷：广东虎彩云印刷有限公司
经 销：湖南省新华书店
开 本：880 mm×1230 mm 1/32
印 张：8
字 数：180 千字
版 次：2021 年 10 月第 1 版
印 次：2021 年 10 月第 1 次印刷
书 号：ISBN 978-7-5687-0650-6
定 价：32.00 元